AF452175

# MANUEL

DE

# COMPTABILITÉ AGRICOLE

PRATIQUE,

En partie simple et en partie double.

# COURS COMPLET DE COMPTABILITÉ AGRICOLE,

## EN PARTIE SIMPLE ET EN PARTIE DOUBLE,

*À l'usage des Établissements d'instruction publique, des Écoles Normales et d'instruction primaire, et des Agriculteurs qui veulent apprendre seuls la tenue des livres,*

### Par SAINTOIN-LEROY,

Administrateur-Trésorier du Comice agricole d'Orléans, Membre de la Chambre consultative d'agriculture.

---

## MANUEL DE COMPTABILITÉ AGRICOLE PRATIQUE,

*Exposition des Méthodes de la Tenue des Livres en partie simple et en partie double, pour les exploitations rurales,*

1 volume grand in-8° et tableaux. — 3 fr.

---

### LIVRES-REGISTRES

#### POUR LA COMPTABILITÉ SIMPLIFIÉE

ou partie simple.

*À la portée de tous cultivateurs sachant lire, écrire et compter ;*

Elle nécessite seulement les deux Registres suivants :

1° MÉMORIAL DE L'AGRICULTEUR, renfermant les tableaux nécessaires à la constatation de tous les faits d'une exploitation agricole, avec les instructions pour leur usage,

Registre in-4° oblong, br. 4 fr.

2° LIVRE DE CAISSE ET DE COMPTES, destiné à l'inscription des recettes et des dépenses : à la suite, se trouvent des tableaux pour les comptes courants de Débiteurs et Créditeurs, et tous autres comptes de l'exploitation,

Registre in-4° oblong, br. 2 fr. 50

### LIVRES-REGISTRES

#### POUR LA COMPTABILITÉ COMPLÈTE

ou partie double,

1° MÉMORIAL DE L'AGRICULTEUR (réunion de tous les livres auxiliaires ou comptabilité-matières),

Registre in-4° oblong, br. 4 fr.

2° LIVRE DE CAISSE (ou comptabilité-espèces),

Registre in-4° oblong, br. 2 fr. 50

3° JOURNAL, registre en blanc, Réglé et folioté, in-4° obl. 2 fr. 50

4° GRAND-LIVRE, registre en blanc, Réglé et folioté, in-4° obl. 3 fr.

On peut joindre à ces 4 registres des Cahiers quadrillés pour la constatation journalière des travaux de main-d'œuvre, des attelages, ainsi que de la nourriture du personnel :

1° Cahier avec instructions et modèles des tableaux, petit in-4° oblong . . . . . . 2 fr.

2° Cahier simplement quadrillé, petit in-4° oblong. . . . . . . . . . . . . . . . 1 fr. 25

*Chaque volume ou registre peut se vendre séparément.*

# MANUEL

## DE

# COMPTABILITÉ AGRICOLE

### PRATIQUE

### En partie simple et en partie double,


**Par SAINTOIN-LEROY,**

ADMINISTRATEUR-TRÉSORIER DU COMICE AGRICOLE D'ORLÉANS, MEMBRE DE LA CHAMBRE
CONSULTATIVE D'AGRICULTURE DE L'ARRONDISSEMENT D'ORLÉANS.


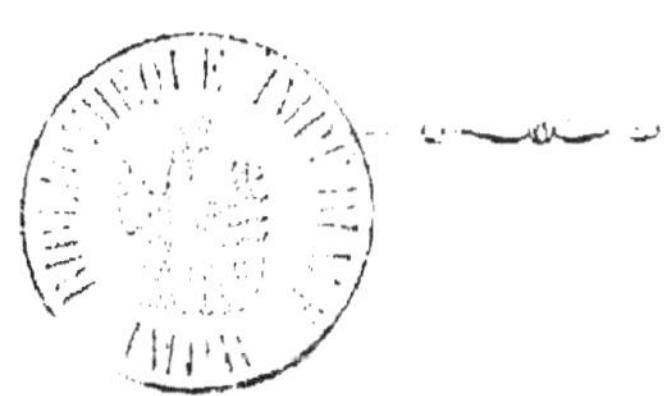


PARIS,

LIBRAIRIE AGRICOLE DE LA MAISON RUSTIQUE,

26, RUE JACOB, 26.

1861

IMPRIMERIE CHENU, A ORLÉANS, RUE CROIX-DE-BOIS, 21.

# PRÉFACE.

En tête de notre *Mémorial de l'Agriculteur*, publié l'année dernière, nous croyons avoir suffisamment démontré la nécessité d'une comptabilité pour les cultivateurs qui, à l'exemple des industriels et des commerçants, devraient se rendre tous compte de chacune des opérations si variées de leurs exploitations.

Dans le but de propager l'usage de la comptabilité et de la mettre à la portée de tous, nous avons d'abord publié notre *Mémorial* et un *Livre de Caisse*; ils constituent à nos yeux une comptabilité simplifiée, qui doit répondre aux besoins d'ordre qu'éprouvent les agriculteurs soigneux de leurs véritables intérêts.

Nous avons également énoncé que c'est surtout par l'instruction des nouvelles générations qui s'élèvent, qu'on parviendra à propager l'usage de la comptabilité en agriculture, et que, pour des écoliers, l'étude de la méthode des écritures en partie simple, n'offre pas moins de difficultés que celle de la méthode si sûre et si parfaite des écritures en partie double.

Chargé par le Comice d'Orléans, de surveiller le cours de comptabilité rurale ouvert dans l'école municipale supérieure d'Orléans, nous avons été naturellement conduit à composer pour ce cours un *Manuel de comptabilité agricole pratique.* C'est, encouragé par l'heureux essai que nous en avons fait et par les pressantes sollicitations de nos collègues du Comice, trop indulgents sans doute pour notre modeste travail, que nous nous sommes décidé à le livrer à la publicité.

Ce n'est point un traité de comptabilité générale que nous nous sommes proposé d'écrire, mais simplement un traité de comptabilité appliquée à l'agriculture, aussi nos exemples sont-ils tous pris dans les opérations d'une exploitation rurale. Notre but, en présentant aux agriculteurs la méthode de tenue des livres en partie double, est de les mettre à même de l'apprendre *seuls* à l'aide des préceptes et des exemples que nous mettons sous leurs yeux.

Notre livre est aussi court que possible, il ne renferme que ce qui nous a paru vraiment utile à l'étude de notre sujet ; il devait être ainsi fait, pour les cultivateurs qui n'ont que peu de temps à donner à leurs écritures, et pour les élèves des établissements d'instruction publique, déjà soumis à tant d'études diverses. Nous possédons sans doute plusieurs traités de comptabilité agricole d'un incontestable mérite, mais nous avons pensé que notre *Manuel* pourrait encore offrir de nouveaux avantages, surtout au point de vue de l'enseignement dans les établissements scolaires.

Nous avons adopté pour le Journal et le Grand-livre la méthode ordinaire d'écritures en partie double, quoique des variantes de cette méthode aient été utilement mises en pratique dans le commerce. Ainsi, le Journal-Grand-livre est un perfectionnement pour les commerçants qui, n'ayant besoin que des cinq comptes généraux, doivent ouvrir au contraire un grand nombre de comptes particuliers à leur clientèle ; ils évitent à l'aide de ce livre le report au Grand-livre de toutes les écritures des comptes généraux, et celui-ci devient un simple livre de comptes courants pour les comptes personnels. Pour appliquer le Journal-Grand-livre à la comptabilité agricole, il a fallu convertir la colonne *marchandises générales*, en *compte général d'exploitation*, afin d'y grouper tous les articles concernant l'exploitation.

Pour échapper au reproche de cette confusion de tous les comptes de l'exploitation, on a proposé de les distinguer par une mention au libellé du Journal, telle que : exploitation-attelages, exploitation-vacherie, exploitation-bergerie, exploitation-blé, etc., enfin, en autant de sous-comptes qu'il y a de comptes à ouvrir dans une exploitation. Mais comme il importe beaucoup de connaître les résultats séparés de chacun de ces sous-comptes, il faut les ouvrir au Grand-livre et y reporter tous ces articles.

Nous ferons remarquer que ce travail est plus compliqué et tout aussi long que le report direct du Journal dans la méthode ordinaire, et qu'il peut même amener de la confusion dans ces comptes.

Les avantages du Journal-Grand-livre ne nous paraissent donc pas applicables à la comptabilité agricole, parce qu'elle ne présente que peu de comptes personnels, les affaires s'y faisant généralement au comptant, et qu'elle nécessite au contraire beaucoup de comptes impersonnels dont on a le plus grand intérêt à connaître les résultats séparés les uns des autres.

Nous avons dit que notre *Manuel de comptabilité agricole pratique* est particulièrement destiné à l'enseignement scolaire ; il contient en effet tous les préceptes et les documents spéciaux nécessaires à connaître avant de passer à la pratique de la tenue des livres.

Mais nous avons tellement compris l'utilité de la pratique pour former de bons comptables, que nous avons composé à l'usage des professeurs enseignant la comptabilité agricole, un Journal et un Grand-livre, contenant toutes les écritures d'une exploitation pour une année culturale. Nous avons également rempli de ces mêmes écritures le *Livre de Caisse* et le *Mémorial;* ce dernier remplace les livres auxiliaires sur lesquels on doit journellement inscrire toutes les opérations de l'exploitation.

Ces quatre registres présentent la tenue complète des écritures d'une année ; mais nous ne possédons qu'en manuscrit ce travail, qu'il nous serait trop dispendieux de faire imprimer ; nous offrons de le tenir à la disposition des professeurs qui nous le demanderaient.

Ces registres copiés par les élèves sous la direction du professeur et expliqués par ses commentaires, faciliteraient l'enseignement et présenteraient une étude vraiment pratique de la tenue des livres.

Chaque élève, en conservant sa copie, pourra s'en servir, comme d'un guide, dans la pratique plus sérieuse qu'il devra faire de la comptabilité, lorsqu'il sera entré dans la carrière agricole.

# ABRÉVIATIONS.

On emploie dans les écritures commerciales et agricoles diverses abréviations : nous donnons ci-dessous celles généralement adoptées.

| | | | | | |
|---|---|---|---|---|---|
| Ass$^{ce}$. | signifie | Assurance. | J$^l$. | signifie | Journal. |
| A$^s$. | — | Avis. | K$^o$. | — | Kilogramme. |
| B$^{ce}$. | — | Balance. | P/ s$^{de}$. | — | Pour solde. |
| B$^{que}$. | — | Banque. | M$^{al}$. | — | Mémorial. |
| B$^t$. | — | Billet. | M$^{in}$. | — | Magasin. |
| M/ b$^t$. | — | Mon billet. | M$^d$. | — | Marchand. |
| S/ b$^t$. | — | Son billet. | M$^{ses}$. | — | Marchandises. |
| C$^{te}$. | — | Compte. | M$^{nt}$. | —- | Montant. |
| C$^{te}$, c$^t$. | — | Compte courant. | M$^t$. | — | Mandat. |
| S/ c$^{te}$. | — | Son compte. | M/ m$^t$. | — | Mon mandat. |
| M/ c$^{te}$. | — | Mon compte. | S/ m$^t$. | — | Son mandat. |
| L/ c$^{te}$. | — | Leur compte. | M/ c. | — | Mètre cube. |
| C$^{se}$. | — | Caisse. | A m/ o. | — | à mon ordre. |
| C/. | — | Centime. | A s/ o. | — | à son ordre. |
| C$^{ant}$. | — | Comptant. | Nég$^t$. | — | Négociant. |
| C$^t$. | — | Courant. | P$^{ble}$. | — | Payable. |
| D$^{rs}$. | — | Divers. | P$^{tes}$. | — | Pertes. |
| D$^o$ | — | Dito. | P$^{ts}$. | — | Profits. |
| Es$^{te}$. | — | Escompte. | P. %. | — | Pour cent. |
| F$^{re}$ | — | Facture. | Les %$_o$ k$^{os}$. | — | Les cent k$^{os}$ ou autre. |
| F$^o$ | — | Folio. | Les $^{oo}$/$_{oo}$ k$^{os}$. | — | Les mille k$^{os}$ ou autre. |
| F$^r$. | — | Franc. | T$^{te}$. | — | Traite. |
| Frais g$^x$. | — | Frais généraux. | M/ T$^e$. | — | Ma traite. |
| G. L. | — | Grand Livre. | S/ T$^e$. | — | Sa traite. |
| H$^o$ l$^e$. | — | Hectolitre. | A v$^r$. | — | A valoir. |
| J$^{née}$. | — | Journée. | | | |

# MANUEL

DE

## COMPTABILITÉ AGRICOLE PRATIQUE

En partie simple et en partie double.

---

CHAPITRE I<sup>er</sup>.

### Notions générales de comptabilité agricole,

EN PARTIE SIMPLE.

La comptabilité consiste dans la consignation, sur des registres, de toutes les opérations d'un commerce, d'une fabrique ou de toute autre entreprise industrielle, ayant pour but de présenter un compte exact de toutes les valeurs qui y sont employées, et de faire connaître, à la fin de chaque année, le bénéfice ou la perte que ces opérations ont pu produire séparément et dans leur ensemble.

Ce travail d'écritures s'appelle *Tenue des livres.*

Les principes de la comptabilité sont partout les mêmes, mais chaque nature de commerce ou d'entreprise exige l'établissement de comptes spéciaux dont l'organisation suppose la connaissance approfondie et la pratique de l'entreprise qu'on veut soumettre à une comptabilité régulière.

C'est la comptabilité agricole que nous nous proposons d'enseigner, et pour en expliquer le but et les moyens, nous ne prendrons nos exemples que dans les opérations d'une exploitation rurale.

Suivons pas à pas le cultivateur entreprenant la culture d'une ferme qu'il tient à loyer ou qui lui appartient.

Il a dû s'assurer d'abord qu'il possédait ou pouvait réunir un capital en rapport avec l'étendue de son entreprise; les sommes qui composent ce capital lui rentrent successivement et il les emploie en achat de mobilier, d'ustensiles, bestiaux, semences, etc; enfin, il doit solder les travaux nécessaires à la mise en culture de ses terres.

Toutes les recettes et dépenses doivent être notées sur un livre.

Ce livre est le *Livre de Caisse*, parcequ'il tient compte de tout l'argent qui entre ou sort de la caisse.

La différence entre le montant des recettes et celui des dépenses, indique la somme qui doit rester en caisse ; c'est ainsi qu'à l'aide de ce livre, nous pouvons reconnaître que l'ordre le plus complet a régné dans le mouvement de notre argent et que rien n'a pu en être détourné.

Tous les produits vendus au comptant ont été portés *à la caisse en Recette*, on dit aussi *en Entrée*, et les dépenses ont été portées *en Sortie*.

Mais on peut vendre et acheter à crédit, et il convient également d'inscrire sur un livre ces ventes et ces achats ; un nouveau livre devient nécessaire à cet effet et sert plus particulièrement encore à y consigner l'ensemble des opérations de la culture.

Ce livre porte le nom de *Journal* parce que, dans le commerce, on y inscrit les affaires jour par jour, suivant les prescriptions de la loi.

Le Journal est la base de toute la comptabilité, puisque, comme nous le verrons par la suite, tous les faits de l'entreprise viennent s'y résumer.

Citons l'exemple d'un article pour une vente de marchandise à crédit :

Le 15 mai, j'ai vendu à PIERRE, meunier, à Chécy, 10 hectolitres de froment à 20 fr. l'hectolitre, payables dans un mois.

J'écris sur le Journal :

—————————————— 15 mai. ——————————————

DOIT PIERRE[1], meunier, à Chécy, payable dans un mois,
10 hectolitres froment à 20 fr. l'hectolitre. . . . . . .     200     »

———————————————      ———————————————

Pierre a reçu mon blé, donc il m'en doit la valeur ; on dit qu'il est *débiteur*, et après avoir inscrit l'article sur le Journal, je dis que *j'ai débité son compte*. Nous expliquerons ainsi à mesure que le cas s'en présentera, les expressions usitées pour exprimer les diverses écritures de la comptabilité.

J'ai acheté de LEFEBVRE, de Denonville, le 20 mai, 50 moutons à raison de 28 fr. l'un, payables dans deux mois.

J'écris au Journal :

—————————————— 20 mai. ——————————————

AVOIR de LEFEBVRE, de Denonville, payab. dans 2 mois,
50 moutons à 28 fr. . . . . . . . . . . . . . . . . . 1.400     »

———————————————      ———————————————

J'ai reçu les moutons, j'en dois la valeur ; AVOIR est l'abréviation de AVOIR REÇU. Lefebvre est donc mon *créancier* ; on dit

_______________________

(1) En comptabilité, il est d'usage de supprimer les qualifications de Monsieur et Madame : on dit le compte de Pierre, le compte de veuve.... telle.

plutôt, en comptabilité, *créditeur*, qui est la contre-partie du mot *débiteur*.

Inscrire ainsi sur le Journal, par ordre de dates, toutes les opérations d'une entreprise, c'est ce qu'on appelle *tenir un Journal, mettre le Journal à jour, au courant, y passer des articles, y passer des écritures.*

Lorsque je reçois de Pierre ce qu'il me doit, et que je paie à Lefebvre ce que je lui dois, j'inscris sur le Journal les écritures suivantes :

———————————— 15 juin. ————————————

AVOIR de Pierre, de Chécy,

sa remise en espèces pour solde de blé vendu le 15 mai.     200     »

———————————— 20 juillet. ————————————

DOIT Lefebvre, de Denonville,

ma remise en espèces p<sup>r</sup> solde de moutons reçus le 20 mai. 1.400     »

L'inscription de ces articles s'explique comme celle des précédents, et l'on voit que notre Journal a clairement consigné ce que nous devions et ce qu'on nous devait, ainsi que ce que nous payons et ce qui nous est payé.

Il serait long et difficile de relever des comptes comprenant un grand nombre d'articles épars sur le Journal, à des dates plus ou moins éloignées. Pour rendre l'établissement de ces comptes clairs et constamment *à jour*, c'est-à-dire comprenant tous les articles qui les concernent, on se sert d'un autre livre appelé *Grand-livre.*

Ce livre n'est que la copie abrégée du Journal dans un autre ordre ; les écritures qui sont inscrites au Journal par série de dates, le sont au Grand-livre en autant de comptes qu'il est nécessaire ; chaque page ou portion de page porte le nom d'un compte, et tous les articles de débit et de crédit de ce compte y sont rapportés du Journal. Ainsi, les articles du Journal cités plus haut, sont consignés au Grand-livre sous la forme qui suit :

| DÉBIT. | PIERRE, DE CHÉCY. | | | CRÉDIT. |
|---|---|---|---|---|
| 1850 mai 15 | 10 hect. blé à 20 f. payab. 15 juin | 200 » | 1850 juin 15 Espèces pour solde. . . . . . | 200 » |

| DÉBIT. | LEFEBVRE, DE DENONVILLE. | | | CRÉDIT. |
|---|---|---|---|---|
| 1850 juill. 20 | Espèces pour solde. . . . . . | 1.400 » | 1850 mai 20 50 moutons à 28 f. payab. 20 juill. | 1.400 » |

Les mots *débit* et *crédit* expriment la même idée que ceux *doit* et *avoir*, et sont plus généralement utilisés sur le Grand-livre ; on dit aussi *débiter* ou *créditer* un compte pour exprimer l'action de porter un article au débit ou au crédit d'un compte.

Tous les articles concernant Pierre et Lefebvre étant reportés à leurs comptes au Grand-livre, on dit que ces *comptes sont à jour*. Inscrire ainsi les articles au Grand-livre, c'est les *reporter au Grand-livre* ; on dit aussi *mettre à jour le Grand-livre*.

On *ouvre un compte* lorsqu'on établit un nouveau compte au Grand-livre ; un article y étant reporté, on dit tel article est *porté en compte*.

Chacun des comptes au Grand-livre peut recevoir un grand nombre d'articles tant au débit qu'au crédit. Si j'ai un compte à régler, j'en fais le relevé par débit et crédit, sur une feuille volante, tel qu'il est inscrit au Grand-livre ; on dit de ce travail, faire le *relevé d'un compte*.

La différence entre le débit et le crédit indique si la personne dont le compte est ouvert nous redoit, ou si c'est nous, au contraire, qui lui devons. Si le crédit était égal au débit, on dirait que le *compte est balancé ;* autrement, le compte reste ou *débiteur* ou *créditeur.*

Si ce compte a un grand nombre d'articles au débit et au crédit et qu'on veuille l'arrêter, on peut le balancer en portant la différence au débit ou au crédit, avec cette indication : *Balance, débiteur à nouveau,* ou *créditeur à nouveau,* les additions faites, le débit et le crédit sont égaux. Immédiatement on reporte au débit ou au crédit cette différence, précédée de ces mots : *débiteur* ou *créditeur à nouveau compte d'accord,* si la personne a accepté le compte ; *suivant compte remis,* si l'on a fait cette remise à la personne pour en reconnaître l'exactitude.

Généralement, dans la partie simple, on ne reporte au Grand-livre que les comptes des personnes, dits *comptes personnels ;* mais beaucoup d'autres opérations ont lieu dans une ferme, et toutes devraient figurer au Journal, puis être reportées au Grand-livre, pour qu'on pût s'en rendre compte.

Ainsi, pour connaître le bénéfice ou la perte sur la sole de blé, la bergerie, la vacherie, etc. , il faudrait ouvrir des comptes (dits *impersonnels*) à ces diverses opérations, et y inscrire toutes les recettes et les dépenses qui s'y rapportent. On trouvera toutes les notes nécessaires pour rédiger ces comptes sur nos deux livres *Caisse* et *Mémorial,* au point de vue d'une comptabilité simplifiée.

Le Mémorial que nous venons d'indiquer est la réunion de tous les livres auxiliaires : il est le complément de cet ouvrage. Ce livre renferme des instructions sur l'usage des divers tableaux qui le composent ; on devra passer à leur étude aussitôt que les premières notions que nous venons de donner seront bien comprises.

Quel que soit le mode d'écritures adopté dans une exploitation agricole, il faut toujours, en fin d'année, faire *un inventaire* pour reconnaître le bénéfice ou la perte. Faire l'inventaire, c'est estimer en argent toutes les valeurs dites *actives* que possède l'agriculteur et qu'il utilise à l'exploitation de sa terre. Leur prix compose *l'actif*, duquel il faut déduire les sommes qu'il pourrait devoir, dites *valeurs passives* ou *le passif*. La différence montre le *capital d'exploitation*, c'est-à-dire le capital net employé à faire valoir l'exploitation. On trouve dans notre *Mémorial* un modèle complet d'inventaire se référant à tous les comptes nécessaires dans une exploitation.

En suivant ainsi pas à pas les opérations de comptabilité, nous avons établi qu'il fallait pour une comptabilité en partie simple régulière cinq livres, le Livre de Caisse, le Mémorial, le Journal, le Grand-Livre, et enfin un livre ou cahier d'inventaire.

Le plus souvent dans cette méthode on ne reporte au Journal et au Grand-Livre que les comptes des personnes qui doivent ou auxquelles il est dû ; mais comme en agriculture les affaires se font presque toutes au comptant, à moins qu'une industrie ne soit annexée à l'exploitation, il est vrai de dire que si l'on veut s'en tenir à la partie simple, on peut se passer du Journal et du Grand-Livre.

Le Livre de Caisse et le Mémorial suffiraient d'autant mieux, qu'à la suite du Livre de Caisse, nous avons fait imprimer quelques feuilles de comptes-courants tels qu'ils sont établis sur un Grand-Livre. Sur ces feuilles on écrira provisoirement les ventes et achats faits à crédit, les comptes des ouvriers et domestiques, comptes qui finalement viendront tous se régulariser par les recettes et paiements inscrits ultérieurement au Livre de Caisse.

Avec cette comptabilité simplifiée, l'inventaire se fait à la fin de l'année et donne en bloc le résultat en bénéfice ou en perte, puisqu'il fixe le chiffre du capital actuel et qu'il n'y a qu'à le comparer au capital que l'on possédait au commencement de l'année pour reconnaître de combien il s'est augmenté ou diminué.

2

Nous avons aussi expliqué dans notre Mémorial que l'on peut, en dehors des écritures, établir sur un cahier de renseignements les comptes des diverses cultures, des bestiaux, etc., dont on désirerait connaître les résultats partiels.

Les études que nous venons de faire sur la comptabilité en partie simple étaient nécessaires comme introduction à celles de la partie double ; elles nous ont donné occasion de faire connaître les termes usuels de la comptabilité, et fait entrevoir tout ce que la méthode en partie simple a d'incomplet.

On pourrait certainement établir une comptabilité complète en partie simple, mais les bons comptables savent par expérience qu'il faut, pour ainsi dire, plus de capacité, comme teneur de livres, pour tenir complètement et régulièrement les livres en partie simple, tout en perdant les garanties d'exactitude qu'offre la partie double.

Quiconque n'a point encore tenu de comptabilité, apprendra aussi vite l'une que l'autre de ces méthodes, et les règles de la partie double faisant surgir nécessairement les preuves de l'exactitude de tous les comptes, cette méthode sera, si l'on peut s'exprimer ainsi, plus facile à tenir mécaniquement que la partie simple complète. Si l'on utilise un comptable spécial, la partie double seule peut assurer l'exactitude et la régularité de son travail.

Nous en concluons que si l'on veut s'en tenir à la partie simple, notre *Comptabilité simplifiée* peut suffire.

Le *Mémorial* recevra dans ses tableaux l'inscription de toutes les opérations de l'exploitation et rendra compte du mouvement de toutes les matières.

Le *Livre de Caisse* sur lequel sont écrites toutes les recettes et les dépenses, présentera tout le mouvement des espèces.

# CHAPITRE II.

## Comptabilité agricole en partie double.

La comptabilité complète peut se diviser en deux parties :

La première, dite *Comptabilité-Espèces,* qui a pour but les opérations dont le résultat se traduit en espèces, c'est-à-dire en francs et centimes ;

La seconde se nomme *Comptabilité-Matières,* qui permet de suivre tous les mouvements et transformations des matières avant qu'elles arrivent à être converties en argent.

Le Livre de Caisse est le principal livre de la comptabilité-espèces, et le Mémorial, qui tient note de toutes les entrées et sorties des matières premières mises en œuvre, renferme tous les éléments de la comptabilité-matières.

Dans la comptabilité en partie simple, on a vu que la formule d'inscription au Journal constatait tout ce qui nous était dû et tout ce que nous devions ; nous rappellerons cette formule :

—————————— 5 mai. ——————————

DOIT Pierre, meunier à Chécy, payables dans un mois,
10 hect. froment à 20 francs. . . . . . . . . . . . . . .     200   »

——————————          ——————————

Lors du paiement de cette somme, nous avons écrit :

—————————— 5 juin. ——————————

AVOIR de Pierre, meunier à Chécy, sa remise espèces pour solde. . . . . . . . . . . . . . . . . . . .     200   »

——————————          ——————————

Nous avons ainsi parfaitement constaté sur notre Journal que Pierre nous devait et qu'il nous avait payé cette dette.

Des comptes *personnels* de ce genre suffisent en partie simple ; ils montrent tout ce qui nous est dû et tout ce que nous devons, et l'on n'a plus qu'à en faire un relevé pour porter à l'actif la balance de tous les comptes débiteurs et au passif celle de tous les comptes créditeurs.

En partie double, le même esprit d'ordre a fait sentir la nécessité d'ouvrir également des comptes *impersonnels* à toutes les valeurs que nous possédons, de manière à pouvoir nous rendre un compte exact du mouvement de toutes ces valeurs.

Ne peut-on pas dire que le compte de *grains en greniers* doit la valeur de tous les grains que nous livrons aux greniers et que nous pouvons l'en débiter, comme aussi nous recevons de ce même compte tous les grains, soit vendus, soit employés, dont nous pouvons le créditer.

Ce compte ouvert au Grand-livre nous présentera *au débit* l'état exact des grains livrés aux greniers, en quantité et en valeur, et *au crédit*, la quantité et la valeur de tous les grains sortis. Le premier débit de ce compte est nécessairement la quantité et la valeur des grains restant à l'inventaire. Nous surveillons donc à l'aide de ce compte le mouvement de nos grains en greniers, comme nous l'avons fait pour l'argent par le *Livre de Caisse*.

Supposons que des grains achetés ont été revendus avec bénéfice, il est clair que la balance du compte nous indiquera le bénéfice total effectué ; il en serait de même s'il y avait perte. Admettons que le cultivateur n'ait disposé que des grains qu'il aura récoltés, ce compte nous donnera finalement, par l'analyse de son crédit, le prix moyen de vente des grains de la récolte.

La comptabilité en partie double a pour but d'ouvrir des comptes à toutes les valeurs, comme à toutes les personnes avec lesquelles nous traitons des affaires ; c'est une des distinctions de cette méthode d'avec celle de la partie simple.

L'*Inventaire* fait à l'entrée en ferme et surtout à la fin de la première année de l'exploitation, a constaté toutes les valeurs actives du cultivateur, c'est-à-dire tous les objets qui sont sa propriété, tels que : argent, billets à recevoir, grains, pailles, fourrages, fumiers, emblavures, bestiaux de toute espèce, mobilier, etc., formant l'actif.

Il a également constaté tout ce que nous devons, tel que : argent emprunté, sommes dues pour marchandises achetées, ou à des domestiques et ouvriers, etc., formant le passif.

Nous savons que la différence entre l'actif et le passif est le chiffre du capital net.

Pour connaître tous les mouvements qui s'opéreront dans le courant de l'année sur toutes ces valeurs, nous ouvrirons un compte à chacune d'elles, nous débiterons ces comptes de tout ce qu'ils recevront, et nous les créditerons de tout ce qu'ils donneront, comme nous l'avons fait pour les personnes.

En partie simple, nous étions seuls représentés, en disant : *Doit un tel* ou tel me doit, et *Avoir de tel* ou j'ai reçu de tel.

Mais si nous ouvrons des comptes à toutes nos valeurs, ces valeurs nous représenteront : Par exemple, s'il a été ouvert un compte à Grains en greniers, qui a reçu notre froment. nous pourrons dire :

Pierre, meunier à Chécy, *Doit* à Grains en greniers,

10 hect. froment à 20 fr. . . . . . . . . . . . . . . . . 200 fr.

(Dans la pratique on néglige le mot *Doit* qui reste sous-entendu.)

Ayant aussi un compte ouvert à l'argent, sous le nom de compte de caisse, lorsque Pierre nous paiera, nous dirons :

Caisse doit à Pierre, meunier à Chécy,

Sa remise espèces. . . . . . . . . . . . . . . . . . . 200 fr.

Pierre reçoit du froment, donc il doit être débité; le compte de Grains en greniers fournit le froment, donc il doit être crédité.

Le compte de caisse me représente et reçoit de l'argent, il en est débité; Pierre paie, il donne son argent, il en doit être crédité.

Nous en déduirons la règle suivante, pour tous les articles à passer en partie double, règle qui en rendra la rédaction toujours facile :

*Débiter celui qui reçoit ; créditer celui qui donne.*

J'ai vendu à Pierre 10 hectolitres de froment et je les lui ai livrés. Qui est-ce qui reçoit? C'est Pierre; il doit être débité. Qui est-ce qui donne ou fournit? C'est le Grenier de grains ; il doit être crédité. On voit qu'ainsi dans tous les articles en partie double, *il y a toujours un débiteur qui reçoit une valeur, et un créditeur qui donne ou fournit cette valeur.* C'est cette double écriture qui a fait donner à cette méthode le nom de *partie-double.*

Il suffit pour le moment de savoir que des comptes seront ouverts à toutes les valeurs que nous possédons. Les chapitres suivants traiteront des livres nécessaires à la comptabilité, ainsi que de l'établissement des comptes et de leur usage.

L'examen des articles passés au Journal et l'explication de ces articles suffiront pour démontrer la clarté de la méthode et la facilité avec laquelle peut se faire la rédaction du Journal.

Résumons les avantages de la comptabilité en partie double en disant qu'elle fait connaître à l'agriculteur :

1° Ses dettes, ses créances, soit ce qu'il doit et ce qui lui est dû ;

2° Tous les mouvements ou mutations qui s'opèrent incessamment dans les valeurs dont se compose son capital ;

3° Les profits et les pertes qu'il a fait sur chacune de ses opérations, et finalement ce qu'il a gagné ou perdu dans l'année ;

4° Le moyen de prévenir ou d'indiquer les erreurs de chiffres qui peuvent se glisser dans les écritures.

Nous dirons à l'appui de cette dernière considération que, puisque pour chaque article il y a toujours un débiteur et un créditeur de sommes égales ou qui se balancent, le total des débits inscrits à tous les comptes du Grand-Livre doit toujours être égal au total des crédits ; il est même égal au total des articles inscrits au Journal, puisque ces articles ont été chacuns reportés à deux comptes au Grand-Livre, l'un au débit, l'autre au crédit. Si donc cette balance des comptes est reconnue juste, il ne peut y avoir d'erreurs de transcription d'un livre à l'autre.

## CHAPITRE III.

### Des Livres nécessaires pour la comptabilité.

#### 1° MÉMORIAL.

Le *Mémorial* qui comprend en un seul registre tous les livres usités en comptabilité sous le nom de *Livres auxiliaires*, est la base de la *comptabilité-matières*.

On appelle *Livres auxiliaires* des cahiers ou registres sur lesquels on inscrit journellement tous les mouvements des matières, telles que fumiers et amendements, récoltes et battage des céréales ; l'entrée et la sortie des grains, pailles, fourrages et racines ; on y inscrit aussi la consommation de tous les bestiaux, les diverses opérations de culture, ensemencement, etc. ; les produits de la basse-cour, les saillies et naissances des bêtes chevalines, ovines, bovines et porcines.

Ces livres nombreux qui peuvent être remplacés par de simples tableaux annuels, nous ont paru compliquer singulièrement la comptabilité rurale ; il pourrait être utile de tenir des livres séparés dans de très-grandes exploitations qui occupent plusieurs employés, entre lesquels est partagée la surveillance des diverses opérations de l'exploitation, mais ils ne peuvent qu'effrayer la plupart des cultivateurs qui doivent tenir eux-mêmes leurs écritures.

Cette pensée nous a fait rechercher les moyens de réunir en un seul livre tous les documents qu'on dissémine habituellement dans tous ces livres auxiliaires.

Notre *Mémorial de l'Agriculteur*, ainsi nommé parce qu'il est destiné à conserver la mémoire de tous les faits utiles à enregistrer comme base d'une comptabilité rurale, nous paraît remplir ce but et mettre la comptabilité à la portée de tous les cultivateurs.

Le *Mémorial* et le *Livre de Caisse* constituent, en effet, une véritable comptabilité en partie simple, suffisante pour les agriculteurs qui ne voudraient pas aborder l'étude de la partie double.

Nous allons maintenant expliquer l'utilité du *Mémorial* comme réunion de tous les *livres auxiliaires* pour la tenue des livres en partie double.

On comprend qu'il est inutile de surcharger le Journal des notes éparses et nombreuses que le cultivateur doit prendre journellement pour classer d'une manière claire et méthodique sur ce livre toutes les opérations de son exploitation. Le *Mémorial* est destiné à recevoir ces notes dans ses tableaux, dont voici la nomenclature :

1ᵉʳ tableau. — *État des pièces de terre de la ferme :* indiquant leur étendue, leur emblavure au moment de l'inventaire annuel, ainsi que leur destination ultérieure; c'est un tableau d'assolement.

2ᵉ tabl. — *Engrais et amendements conduits aux champs :* donnant la quantité des fumiers produits dans l'année et son emploi.

3ᵉ tabl. — *Récapitulation des champs fumés :* contenant l'indication de l'espèce d'engrais et de la quantité donnée à chaque pièce de terre.

4ᵉ tabl. — *Récapitulation des fumiers produits dans l'année* et leur répartition entre les divers bestiaux qui les ont produits.

En regard de ce tableau figure celui des *engrais restant en terre*, dans lequel, après avoir évalué l'importance des engrais absorbés par les récoltes de l'année, on établit la quantité qu'on'estime rester en terre laquélle sera mise à la charge des récoltes subséquentes.

5ᵉ tabl. — *Ensemencement :* Nom et étendue des champs ensemencés, quantité de semence, nombre de labours et façons donnés à chaque pièce de terre emblavée.

6ᵉ tabl. — *Récapitulation des semailles par sole :* c'est le tableau complet des emblavures de l'année et de celles en préparation pour l'année suivante.

7ᵉ tabl.— *Récoltes des céréales :* on y inscrit la rentrée journalière de ces récoltes.

8ᵉ tabl. — *Récapitulation des récoltes céréales par champ :* évaluation du produit en grains et pailles, pour servir à la déclaration de l'assurance contre l'incendie et à la prévision des ressources que présentent les récoltes céréales rentrées.

9ᵉ tabl. — *Récoltes diverses :* Mèmes renseignements pour toutes les récoltes n'ayant pas de tableaux spéciaux.

10ᵉ tabl. — *Battage des grains :* Constatation du produit du battage et des paiements faits aux batteurs.

11ᵉ tabl. — *Grains en greniers :* constatant l'entrée et la sortie des grains.

12ᵉ tabl. — *Magasins de fourrages et pailles :* à l'entrée figurent les récoltes, à la sortie l'emploi de ces fourrages.

13ᵉ tabl. — *Magasin de racines :* récoltes à l'entrée, vente ou consommation à la sortie.

14ᵉ tabl. — *Magasin de graines fourragères :* par entrée et sortie.

15ᵉ tabl. — *Magasin de sons et tourteaux :* comprenant tous les autres résidus employés à la nourriture des bestiaux dont il présente l'entrée et la sortie.

16ᵉ tabl. — *Produits de la basse-cour :* quantités livrées aux marchés ou consommées par le ménage, en beurre, œufs, volailles, fromages et lait en nature.

17ᵉ tabl. — *Fournées :* grains livrés au meunier, son poids, poids de la farine et du son produits par la mouture.

18ᵉ tabl. — *Mouvement des bêtes chevalines :* entrée et sortie des chevaux et juments, saillies, naissances, etc.

19ᵉ tabl. — *Mouvement des bêtes bovines :* mêmes renseignements.

20ᵉ tabl. — *Mouvement des bêtes ovines :* · dᵒ

21ᵉ tabl. — *Mouvement des bêtes porcines :* dᵒ

22ᵉ tabl. — *Table des équivalents nutritifs* par rapport au foin sec.

23ᵉ tabl. — *Consommation du bétail :* 13 tableaux semblables suffisent pour inscrire pendant l'année la nourriture de tous les bestiaux de la ferme, séparément pour chaque espèce.

24ᵉ tabl. — *Récapitulation de la consommation annuelle des bêtes chevalines,* par période mensuelle.

25ᵉ tabl. — *Récapitulation de la consommation annuelle des bêtes ovines*

26ᵉ tabl. dᵒ dᵒ *des bêtes bovines.*

27ᵉ tabl. — dᵒ dᵒ *des bêtes porcines.*

28ᵉ tabl. — dᵒ dᵒ *des volailles.*

29ᵉ tabl. — Modèle du livre de caisse et instructions pour son usage.

30ᵉ tabl. — Modèle de l'inventaire annuel.

Ces tableaux sont précédés d'instructions sur leur usage, que nous ne répéterons pas ici, renvoyant au *Mémorial* lui-même qu'il est indispensable d'étudier avant de passer à l'étude pratique du *Journal* et du *Grand-Livre* : en effet, c'est sur le *Mémorial* que le cultivateur puise les notes nécessaires pour passer au Journal de nombreux articles très-importants. Ce Mémorial, tenu avec soin, permet d'ajourner les écritures au Journal, de bien des articles qui n'y seront reportées qu'à l'époque où l'on sera bien fixé sur le résultat des faits qui, jusque-là, n'ont pu être soumis qu'à des évaluations approximatives.

### 2° LIVRE DE CAISSE.

Le *Livre de Caisse* sert à consigner toutes les recettes et les dépenses ; il est la base de la *Comptabilité-Espèces*. Nous avons décrit son usage dans le *Mémorial* (page 59) où l'on en trouve un modèle. Nous nous occuperons donc ici du transport des articles de ce livre au Journal.

Notre modèle présente à l'entrée une large colonne intitulée : *Comptes auxquels se rapportent les recettes ou comptes créditeurs ;* la caisse qui reçoit doit être débitée et le compte qui fournit doit être crédité. C'est le nom de ce compte correspondant qu'on inscrira dans cette colonne, soit de suite, soit à tête reposée, avant le transport des écritures de la caisse au Journal.

Cette mention est surtout utile lorsque, comme nous le conseillons, on ne reporte les articles de caisse au Journal que par quinzaine.

En effet, dans l'article *Caisse à divers*, chacun des comptes qui doivent être crédités vient à son rang figurer au Journal ; le même compte est souvent crédité de plusieurs recettes faites dans la quinzaine à diverses dates. Au fur et à mesure que chacune de ces recettes est inscrite au Journal, on note, en regard du nom du compte. sur le livre de caisse, le folio du Journal, dans la petite colonne à côté. Après avoir épuisé les crédits à donner à un compte, on passe à un autre, et lorsqu'on a inscrit tous les articles, on voit, par les folios remplis dans la colonne, qu'aucun n'a été omis.

*Voir la suite page 30.*

| DATES. | DE QUI REÇU? | POURQUOI? | PRIX. | TOTAL. | Comptes auxquels se rapportent les sommes ou comptes créditeurs. | Folio de report. |
|---|---|---|---|---|---|---|
| Avril 23 | Espèces en caisse à l'inventaire . . . . . | » » | 503 75 | Caisse. | 1 |
| » 30 | Vente au marché de ce jour | 20 kilos beurre . . . . . | 1 70 | 34 » | Vacherie. | 5 |
| » » | d°   d° | 12 fromages . . . . . | » 25 | 3 » | Vacherie. | 5 |
| » » | d°   d° | 18 douzaines œufs . . . . | » 50 | 9 » | Volailles. | 5 |
| Mai 1 | Vente au marché de ce jour | 19 kilos beurre . . . . . | 1 80 | 34 20 | Vacherie. | 5 |
| » » | d°   d° | 20 douzaines œufs . . . . | » 55 | 11 » | Volailles. | 5 |
| » 7 | Vente au marché de ce jour | 22 kilos beurre . . . . . | 1 80 | 39 60 | Vacherie. | 5 |
| » » | d°   d° | 19 douzaines œufs . . . . | » 50 | 9 50 | Volailles. | 5 |
| » » | d°   d° | 12 fromages . . . . . | » 20 | 2 40 | Vacherie. | 5 |
| » 14 | De Jaquet, de Fay, solde de compte . . . . | | » » | 187 30 | Jacquet. | 5 |
| » 14 | Vente au marché de ce jour | 21 kilos beurre . . . . | 1 70 | 35 70 | Vacherie. | 5 |
| » » | d°   d° | 18 douzaines œufs . . . . | » 55 | 9 90 | Volailles. | 5 |
| » 14 | De Cassegrain, 24 sacs froment à 27 f. le sac, soit 36 hect. à | 18 » | 648 » | Grains en gren. | 5 |

Journ. f° 3.   1,023 60
Esp. en caisse   503 75
Total égal.   1,529 35

Total au 14 mai . . . . .   1,529 35

| DATES. | DE QUI REÇU? | POURQUOI? | PRIX. | TOTAL. | Comptes. | Folio. |
|---|---|---|---|---|---|---|
| Mai 16 | De Pierre, de Donnery, solde de son compte . . . . | | » » | 25 » | Pierre. | 6 |
| » 21 | Vente au marché de ce jour | 23 kilos beurre . . . . | 1 65 | 37 95 | Vacherie. | 6 |
| » » | d°   d° | 16 douzaines œufs . . . . | » 55 | 8 80 | Volailles. | 6 |
| » 25 | De Marin, pour 25 kilos graine de Raygras . . . . | » 50 | 12 50 | Mag. de graines. | 6 |
| » 28 | Vente au marché de ce jour | 22 kilos 50 beurre . . . . | 1 75 | 39 35 | Vacherie. | 6 |
| » » | d°   d° | 18 douzaines œufs . . . . | » 50 | 9 » | Volailles. | 6 |
| » 29 | De Doussaint-Péan, 22 sacs froment à 27 fr. 50, soit 33 h. à | 18 35 | 605 » | Grains en gren. | 6 |
| » 31 | Saillie de taureau en mai . . . . | | | 6 » | Vacherie. | 6 |

Entrées 3,353 fr. 15 ; doit rester
Sorties 816 45 ; 2,536 fr. 80 — d'accord.
Journ. f° 6.   743 60
Total ant.   1,529 35
Total égal.   2,272 95

Total au 31 mai . . . . .   2,272 95

| DATES. | DE QUI REÇU? | POURQUOI? | PRIX. | TOTAL. | Comptes. | Folio. |
|---|---|---|---|---|---|---|
| Juin 1 | D'Amand, de Jargeau, solde de son compte . . . . | | » » | 100 » | Amand, Jargeau | 7 |
| » 4 | De Doussaint-Péan, pour 10 sacs froment à 26 f., soit 15 h. à | 17 34 | 260 » | Grains en gren. | 7 |
| » 4 | Vente au marché, | 20 kilos 50 beurre . . . . | 1 80 | 36 90 | Vacherie. | 7 |
| » » | d° | 12 fromages . . . . . | » 25 | 3 » | Vacherie. | 7 |
| » » | d° | 18 douzaines œufs . . . . | » 60 | 10 80 | Volailles. | 7 |
| » 6 | De Denis, boucher à Jargeau, solde de son compte . . . . | | » » | 265 » | Denis, Jargeau. | 8 |
| » 11 | Vente au marché, | 19 kilos beurre . . . . | 1 75 | 33 25 | Vacherie. | 7 |
| » » | d° | 17 douzaines œufs . . . . | » 60 | 10 20 | Volailles. | 7 |
| » 11 | Vendu à la halle 26 sacs avoine à 10 fr. 50, soit 39 hect. à | 7 » | 273 » | Grains en gren. | 7 |
| » 15 | Vente de quatre peaux de moutons . . . . | | | 20 » | Troupeau. | 8 |

Entrées 3,585 fr. 80 ; doit rester
Sorties 1,144 25 ; 2,441 fr. 55 — d'accord.
Journ. f° 8.   1,012 15
Total ant.   2,272 15
Total égal.   3,285 30

Total au 15 juin, à reporter . . . . .   3,285 30

---





| DATES. | À QUI PAYÉ? | POURQUOI? | Journées | TOTAL. | Comptes auxquels se rapportent les dépenses ou charges débitrices. |
|---|---|---|---|---|---|
| Avril 24 | Achat de livres, fournitures de bureau et timbres-poste . . . | | 25 » | Frais généraux. |
| » 24 | Cotisation du Comice d'Orléans . . . . | | 5 » | Frais généraux. |
| » 25 | Acheté brosses et étrilles . . . . | | 3 25 | Attelages. |
| » 30 | A Jacques, jardinier, 6 journées au jardin, à 2 fr. non nourri | 6 0 | 12 » | Main-d'œuvre. |
| Mai 1 | Achat d'étoffes pour habillement et fournitures de mercerie | | 79 » | Ménage. |
| » 7 | Mois d'école des enfants et fournitures . . . . | | 10 » | Ménage. |
| » 12 | A François, berger, solde de son compte ancien . . . . | | 450 » | François. |
| » 12 | A Julien, charretier, d° | | 450 » | Julien. |
| » 12 | A Denis, d°   d° | | 80 » | Denis. |
| » 14 | A Pascal et Pierre, 6 journées à charger le fumier, à 1 fr. 25 et nourri | 6 N | 7 50 | Main-d'œuvre. |
| » 14 | Une voiture blé 1849 à Orléans, frais d'auberge et de halle | | 5 75 | Gr. en grenier. |
| » 14 | A Faucheux, meunier à St-Mesmin, mouture de 14 h. à 4 f. 40 | | 49 60 | Fournées. |

Entrées 1,529 fr. 35 ; doit rester :
Sorties 517 10 ; 962 fr. 45 — d'accord.

Total au 14 mai . . . . .   517 10   (Journal folio 6)

| DATES. | À QUI PAYÉ? | POURQUOI? | Journées | TOTAL. | Comptes. |
|---|---|---|---|---|---|
| Mai 15 | Facture de l'épicier . . . . | | 12 25 | Ménage. |
| » 20 | Six journées femmes de lessives, à 1 fr. et nourri | 6 N | 6 » | Main-d'œuvre. |
| » 22 | Étoffes pour habillement et toile . . . . | | 65 » | Ménage. |
| » 23 | A Denis, charretier, à valoir sur ses gages | | 15 » | Attelages. |
| » 23 | A Jean, 6 journées à cribler les grains, à 1 fr. 75, n. nourri | 6 0 | 10 50 | Main-d'œuvre. |
| » 25 | A Julien, charretier, à valoir sur ses gages | | 20 » | Attelages. |
| » 25 | A divers, 8 journées à épandre le fumier à 1 fr. 25 et nourri | 8 N | 10 » | Main-d'œuvre. |
| » 29 | Voyage d'Orléans, 1 voit. blé 1849, frais d'auberge et halle | | 5 75 | Gr. en greniers. |
| » 30 | Aux batteurs, grain battu du 25 avril à ce jour, 81 hect. 50 froment 1849, à 1 fr. 10, non nourri | | 89 75 | Gr. en gerb. 1849. |
| » 30 | A Cassegrain, d'Orléans, 400 kilos sons (livrés 24 avril), 12 fr. les 100 kilos | | 48 » | Mag. de sons. |
| » 30 | Banquet de la fête du Comice à Châteauneuf et frais . . . | | 7 » | Frais généraux. |

Journ. f° 7.   420 25
Total ant.   517 10
Total égal.   816 35

Total au 31 mai . . . . .   816 35

| DATES. | À QUI PAYÉ? | POURQUOI? | Journées | TOTAL. | Comptes. |
|---|---|---|---|---|---|
| Juin 1 | Dépenses de poche et frais d'auberge . . . . | | 5 » | Frais généraux. |
| » 1 | A Pierre et Jean, 16 jour. sarcl. de betteraves, à 2 fr. | 16 0 | 32 » | Main-d'œuvre. |
| » » | d°   14   d°   pom. de terre, à 2 » | 14 0 | 28 » | d° |
| » » | d°   2   d°   des carottes, à 2 » | 2 0 | 4 » | d° |
| » 1 | A Thérèse et Louise 20 jour. échardon. les Mars, à 1 » | 20 0 | 20 » | d° |
| » 1 | A la couturière et à la lingère, 8 journées à » 75 | 8 N | 6 » | d° |
| » 4 | Au boucher, 6 kil. viande à 80 cent. . . . . | | 4 80 | Ménage. |
| » 1 | A l'instituteur, mois d'école et livres . . . . | | 10 50 | Ménage. |
| » 2 | Aux tondeurs, tonte de 308 bêtes à 10 cent. et nourri | 8 N | 30 80 | Troupeau. |
| » 5 | 1 voiture blé à Orléans, auberge et portefaix . . . . | | 3 75 | Gr. en greniers. |
| » 11 | 1   d°   d° . . . . | | 3 75 | Gr. en greniers. |
| » 11 | A Bouquert, 4 kil. graine de raves à 2 fr. | | 8 » | Mag. de graines. |
| » 12 | A Jean, 4 journées aux composts à 1 25 | 4 N | 5 » | Main-d'œuvre. |
| » 14 | A Rimbault, 3 pompes de vin à 30 » | | 90 » | Ménage. |
| » 15 | 10 journées de femme à faner à » 60 | 10 N | 6 » | Main-d'œuvre. |
| » 15 | Facture de l'épicier . . . . | | 10 50 | Ménage. |
| » 15 | A Martin, petit berger, 3 mois . . . . | 90 N | 30 » | Troupeau. |

Journ. f° 8.   307 90
Total ant.   816 35
Total égal.   1,144 25

Total au 15 juin, à reporter . . . . .   1,144 25

Tous les articles de recette de la quinzaine étant passés au Journal, on en fait l'addition, et le montant en est reporté dans la dernière colonne du Journal.

Avant de commencer le report des articles de caisse au Journal, on fait les additions de la caisse au débit et au crédit ; ces additions se continuent ainsi toute l'année. Le total des recettes de la quinzaine inscrites au Journal doit être égal au total des recettes du livre de caisse, diminué du chiffre arrêté à la fin de la dernière quinzaine. Cette concordance assure qu'aucune erreur de chiffre n'a été commise dans le report au Journal.

L'article suivant de *Divers à caisse* est le transport au Journal de toutes les dépenses de la quinzaine ; il est fait et vérifié par les mêmes moyens.

Lorsque les écritures du Journal sont transportées au Grand-livre, les additions du débit et du crédit de ce compte sont égales à celles du Livre de Caisse, ce qui est une preuve constante de l'exactitude des écritures.

Dans les exploitations sans industries annexées, on reçoit peu de billets en paiement ; aussi conseillons-nous de considérer les effets à recevoir comme argent, pour éviter l'ouverture d'un compte.

Le modèle ci-contre d'une feuille du Livre de Caisse rempli, fait comprendre d'un coup d'œil ce qu'il est si long d'expliquer.

Quelque soin qu'on prenne d'inscrire les recettes et les dépenses sur le Livre de Caisse, il peut arriver qu'il se présente un excédant ou un manquant ; on le note au bordereau de vérification inscrit sur la page destinée aux entrées, et pendant la quinzaine qui suit, on cherche à retrouver l'erreur ; si elle est retrouvée, on régularise les écritures en passant l'article omis ; si l'on n'a pas retrouvé la cause de ce manquant ou de cet excédant, nous conseillons de régulariser la situation, en portant en recette l'excédant ou en dépense le manquant. Ces articles sont passés au Journal par le compte de Pertes et Profits, sauf à les contrepasser plus tard si l'erreur se découvre.

On y trouve deux avantages : celui de ne pas éterniser à la caisse une situation anormale, et celui de consigner sur un compte, qu'on retrouve toujours, des articles indiquant à quelles époques fixes des erreurs se sont trouvées dans le compte de caisse.

### 3° JOURNAL.

Le Journal est le livre sur lequel toutes les opérations de l'exploitation sont classées, soit isolément, soit par groupes, et rédigées d'après les formules de la partie double, pour être ensuite reportées au Grand-livre, à chacun des comptes ouverts à cet effet. Ces articles doivent être écrits avec concision, mais sans que rien d'essentiel soit omis.

Les définitions que nous avons données des divers livres au chapitre 1er, traitant de la partie simple, nous permettent de ne nous occuper ici que de la manière de passer les articles en partie double.

En parlant du Livre de Caisse, nous venons d'expliquer comment se passent les écritures de la caisse au Journal; c'est ce livre qui fournit le plus d'articles à reporter au Journal; la plupart des autres articles se trouvent sur les notes du Mémorial; enfin, l'on inscrit aussi sur le Journal des articles spéciaux d'ouverture, de clôture des comptes, de report d'un compte à un autre, et ceux destinés à clore les comptes qui se soldent par pertes et profits.

Nous donnons à la fin de ce chapitre un modèle des premières pages du Journal, comprenant un certain nombre d'articles que nous allons expliquer.

*Le premier article* de l'année, dans une exploitation en marche, n'est que la répétition abrégée des articles de l'inventaire classés par comptes, comme on peut le voir dans le modèle d'inventaire, au *Mémorial* (page 90). Cet article du Journal est ainsi formulé :

Divers a inventaire d'entrée.

Ouverture des comptes débiteurs, formant l'actif.

Suit l'état des débits à porter à chacun des comptes ouverts à toutes les valeurs que possède le cultivateur, et dont les comptes qui le représentent doivent être chargés ; l'ensemble des débits s'élève à. . . . . . . . . . . . . . . . . . . . 42,166 fr. 90

*Le second article* est ainsi formulé :

Inventaire d'entrée a divers.

Ouverture des comptes créditeurs, formant le passif.

Suit l'état des crédits ouverts à tous les comptes, pour les sommes ou autres valeurs que doit le cultivateur au moment de son inventaire ; l'ensemble de ces crédits s'élève à 6,470 fr.

Voici donc l'actif et le passif bien établis ; toutes les valeurs actives sont portées à des comptes débiteurs, et toutes celles passives à des comptes créditeurs.

La différence entre l'actif et le passif est le capital net, ou le capital d'exploitation ; cette différence est de. . . . 35,696 fr. 90
laquelle jointe au passif montant à. . . . . . . . 6,470 » »

donne un total égal à l'actif, ci. . . . . . . . . . . 42,166 fr. 90

Le compte capital ouvert au Grand-livre étant ainsi crédité de 35,696 fr. 90 c. On voit que tous les débits des divers comptes formant l'actif s'élèvent à une somme égale aux crédits des divers comptes chargés du passif, y compris le crédit porté à capital.

Cet article montre clairement que la somme de tous les débits, en partie double, égale toujours celle des crédits ; qu'enfin cette nature d'écritures est toujours en balance.

Les comptes *Inventaire d'entrée* et *Inventaire de sortie,* sont deux comptes fictifs qui ne sont que la contre-partie des comptes que nous venons d'ouvrir, comptes qui sont la base et le point de départ de toutes les écritures de l'année.

En effet, le compte Inventaire d'entrée est annulé presque aussitôt que créé, puisque étant d'abord débité de 42,366 fr. 90 c., il est immédiatement crédité de pareille somme et, par conséquent clos ; il n'a servi qu'à l'ouverture des comptes pour leur fournir un contre-débiteur et créditeur.

Tous les comptes compris à l'inventaire se trouvant donc ouverts sur le Journal, examinons ceux qui suivent.

*Le troisième article* porte la date du 15 mai 1850 ; il est destiné à constater au Journal les recettes du 23 avril au 14 mai suivant. On reportera les articles de Caisse par périodes de quinzaine, soit deux semaines ; la première comme la dernière peut être plus ou moins longue. Nous adoptons la période de deux semaines afin que le travail de vérification et d'écritures de la Caisse au Journal se fasse toujours un dimanche.

Ces écritures courantes sont les plus longues de toutes celles que doit faire le cultivateur tenant lui-même ses livres ; c'est le dimanche qu'il doit et peut régulièrement s'assurer que toutes les notes du travail de la semaine sont bien reportées sur le Mémorial, à la Caisse et enfin au Journal.

Voici le libellé de cet article :

Caisse a Divers.

Recettes du 23 avril au 14 mai :

Son inspection fait voir que cet article a bien classé toutes les recettes de la quinzaine, en les groupant dans chacun des comptes qui les concernent. La Caisse a reçu 1,030 fr. 80 c., dont son compte est débité par le crédit des divers comptes qui ont fourni ou donné des valeurs égales.

Pour vérifier l'exactitude du transport de cet article au Journal, je me reporte au Livre de Caisse, et je vois que le total des recettes au 14 mai est de. . . . . . . . . . . . . . . . 1,536 fr. 55

J'en déduis le total à la fin de la dernière période du 23 avril, qui pour cette fois est le reste en caisse à l'inventaire . . . . . . . . . . . . . . . 505 75

Reste. . . . 1,030 80

chiffre égal à l'article reporté.

Nous aurions pu faire autant d'articles qu'il y a de comptes, et dire : *Caisse à vacherie, caisse à volailles, à Jacquet, à grains en greniers*, et chaque débiteur eût trouvé son créditeur de pareille somme, suivant la règle de la partie double. Mais le travail se trouverait multiplié tant au Journal qu'au Grand-livre. Il est bien plus simple de dire : la caisse a reçu 1,030 fr. 90 c. dans la quinzaine : elle en sera débitée en un seul article.

Quatre comptes : vacherie, volailles, Jacquet et Grains en greniers ont fourni la valeur de cette somme ; ces quatre comptes seront séparément crédités de la valeur qu'ils ont fournie, puisque le total de ces crédits égale le débit de la Caisse.

*Le quatrième article* a pour but de passer au Journal les dépenses de la période du 23 avril au 14 mai, et est ainsi libellé :

DIVERS A CAISSE.

Dépenses du 23 avril au 14 mai :

Cet article a également classé par compte toutes les dépenses de la quinzaine qui se montent à 547 fr. 10 c. Les différents débits portés à ces comptes donnent un total égal à la somme des dépenses portée au crédit de la caisse.

La vérification du transport du Livre de Caisse au Journal des dépenses de la quinzaine, se fait comme nous venons de le dire pour celui des recettes.

Cet article plus long que le précédent montre mieux encore la simplification qu'apporte l'usage des articles *Divers à tels comptes* ou *Tels comptes à divers*.

On a bien aussi imaginé des comptes de divers à divers, dans lesquels le total des débits donnés à divers comptes, égale le total des crédits de divers autres comptes. Cette méthode doit être rejetée, comme donnant lieu à des articles dont la rédaction est trop obscure ; on doit les remplacer par d'autres plus nombreux mais plus clairs.

*Le cinquième article*, du 31 mai, a pour but de constater qu'il a été semé des vesces et des pois d'été dans une pièce de terre faisant partie de la sole de jachère 1850. C'est sur le *Mémorial*, au tableau n° 5 des ensemencements, que se trouve la note qui fait le sujet de cet article dont voici le libellé :

Sole de jachère 1850 a magasin de graines.

La jachère a reçu la valeur de cette semence et elle en est débitée.

Le magasin de graines a fourni la semence dont il est crédité.

*Le sixième article* constate qu'il a été remis à diverses époques des grains à Faucheux, meûnier, pour en faire la mouture.

Le compte de *Fournées* qui reçoit les produits en est débité, et le compte de grains en grenier qui fournit les grains est crédité.

*Le septième article* du modèle du Journal constate la nourriture ou consommation des chevaux, du 23 avril au 2 juillet.

Les chevaux ont consommé des pailles, des fourrages secs, des fourrages verts, des grains dont la valeur totale s'élève à 543 fr. 70.

Le compte *attelages* en est débité, et par contre les comptes magasin de pailles, magasin de fourrages, sole fourragère et grains en greniers qui ont fourni ces valeurs en sont crédités.

C'est encore au *Mémorial* que sont puisées les notes nécessaires pour la rédaction de cet article (Voir tableau de récapitulation de la consommation des attelages n° 23).

*Le huitième article* sert à constater *l'emblavure des blés* 1851. On y a mentionné la dénomination et l'étendue des champs ensemencés, la quantité de semences employée ainsi que sa valeur.

La sole de blé 1851 qui reçoit ces semences est débitée de leur valeur et le compte Grains en greniers qui les fournit en est crédité.

*Le neuvième et dernier article*, dont on trouve l'exemple au Journal, est destiné à la constatation de la récolte des blés 1850.

Pour l'assurance contre l'incendie, il y a eu nécessité d'évaluer la récolte en gerbes, et d'établir le rendement présumé en pailles et en grains. On pourrait donc, aussitôt après la récolte, charger le compte de grains en gerbes de leur valeur présumée, et le compte de magasin de paille du poids et de la valeur de la paille; il n'y aurait plus qu'à rectifier cette évaluation à la fin de l'année, lorsque tout, ou la plus grande partie des battages sont opérés. Cependant, avec l'usage du *Mémorial* comprenant ces évaluations, qui suffisent pour faire connaître provisoirement les provisions en pailles, fourrages, racines, etc., on peut ne passer au Journal qu'à la fin de l'année les articles constatant la quantité et la valeur des diverses récoltes.

A cette époque, les battages exécutés ont fixé le rendement exact des gerbes, et par la fourniture, en compte, des pailles et fourrages aux bestiaux, on a contrôlé les évaluations faites lors de la rentrée de ces récoltes; enfin, on n'inscrit alors au Journal que des faits certains et l'on évite les articles rectificatifs qui nuisent à la clarté des écritures.

Nous adopterons donc, pour nos écritures au Journal, le parti de ne constater la valeur des récoltes en quantité et prix qu'au moment de clore les écritures de l'année.

C'est ainsi que l'article constatant la récolte du blé de 1850 serait passé lors de la clôture des comptes le 23 avril 1851 (Voir l'exemple au Journal).

Le produit du battage des blés (*Mémorial,* tableau nᵒ 10) donne d'abord la quantité battue et livrée au grenier ; les quantités vendues sont déjà portées au crédit du compte grains en greniers et l'inventaire a déterminé celle des grains restants. Déduisant de la quantité reconnue au battage, le total des ventes et du reste réunis, la différence avec la quantité de grains battus proviendrait du déchet en magasin.

On trouvera ainsi le produit net de tout déchet des grains de la récolte déjà battus. L'article constatant cette récolte est ainsi libellé :

Divers a sole de blé 1850.

Le compte de grains en greniers est débité de la quantité et de la valeur, des blés déjà battus à leur prix de vente.

Le compte de grains en gerbes 1850 est débité de la partie de la récolte en gerbes non encore battue, au cours du jour.

Enfin, le compte de pailles est débité de la valeur des pailles et le montant de ces trois débits réunis donne la valeur de la récolte entière, qui est portée au crédit de la sole de blé 1850.

Nous ne donnerons pas ici des exemples d'articles destinés à la clôture des comptes annuels, tels que : répartition des engrais, travaux des attelages, réglement des comptes de ménage, frais généraux, améliorations foncières, mobilier agricole, etc., parce que nous avons déjà donné dans notre *Mémorial* des renseignements sur tous ces sujets, et que nous nous proposons d'en donner plus loin, dans les articles spéciaux qui traitent de l'usage de ces divers comptes.

Toutes les sommes portées à la colonne *total* du Journal, sont additionnées au bas de chaque page et reportées à la page suivante.

En regard du nom des comptes ouverts au Journal, se trouve le folio du Grand-livre auquel l'article est reporté. Le folio ou les folios débiteurs sont séparés par un trait du folio ou des folios créditeurs.

 # ANNÉE CULTURALE 1850.

**23 avril.**

## DIVERS A INVENTAIRE D'ENTRÉE.

*Ouverture des Comptes débiteurs, formant l'ACTIF :*

**1 MOBILIER AGRICOLE**
Suivant état détaillé au livre d'inventaire et ainsi subdivisé :
| | | | | | | |
|---|---|---|---|---|---|---|
| 1° Mobilier se rapportant au compte de ménage. | | 1.019 | 35 | | |
| 2° do do au compte d'attelages. | | 3.172 | 30 | | |
| 3° do do au compte de bergeries | | 619 | » | | |
| 4° do do au compte de vacherie | | 262 | » | 5.072 | 65 |

**7 MÉNAGE**
Provisions restant à consommer à l'inventaire. . . . . . . . 365 75

**2 ENGRAIS ET AMENDEMENTS**
43.000 kilos fumier restant à l'inventaire, à 7 fr. les 1.000 kil.
sur place . . . . . . . . . . . . . . . . . . . . 301 »

**3 GRAINS EN GERBES**
1° Une meule n° 4, froment 1849, contenant 3,000 gerbes ou
250 nombres de 12 ; rendement évalué 32 litres le nombre,
soit 80 hect. froment à 17 fr. l'hect. (frais de battage et de
voiture au marché déduits) . . . . . . . . . . . . . 1.360 »
2° Une meule n° 5, avoine 1849, contenant 3.200 gerbes ou
266 nombres de 12 ; rendement évalué 45 litres le nombre,
soit 120 hect. à 6 fr. 50 c. l'hect. (battage et conduite au
marché déduits) . . . . . . . . . . . . . . . . . 780 » 2.140 »

**5 GRAINS EN GRENIER**
| | | | | | | |
|---|---|---|---|---|---|---|
| 5 hectolitres froment à 18 fr. l'hect. | | 90 | » | | |
| 30 do méteil à 12 fr. do | | 360 | » | | |
| 40 do avoine à 7 fr. do | | 280 | » | | |
| 20 do orge à 10 fr. do | | 200 | » | 930 | » |

**6 FOURNÉES**
105 kilos farine pour la fournée, à 30 fr. les 100 kilos. . . 31 50

**9 MAGASIN DE PAILLES**
2.000 bottes paille de blé à 9 k. l'une 18.000 k.
2.000 bottes paille d'avoine à 6 k. l'une 12.000 k., 30.000 k. à 1 fr. 50 les 100 k. 450 »

**10 MAGASIN DE FOURRAGES**
800 bottes de 5 k. foin de prairies nat., 4.000 k.
1.000 do do de luzerne, 5.000 k.
600 do do de trèfle, 3.000 k., 12.000 k. à 4 fr. les 100 k. 480 »

A reporter . . . . . 9.770 90

|  |  |  |  |  |  |  |  |  |
|---|---|---|---|---|---|---|---|---|
|  | *Report.* . . . . |  |  |  | 9.770 | 90 | » | » |

**11 | MAGASIN DE RACINES**

 5 hect. pommes de terre à 2 fr. l'hect. . . . . . . . . . .   10   »

**12 | MAGASIN DE SONS ET TOURTEAUX**

 52 k. gros son à 15 fr. les 100 k. . . . . . . . . . .   7   80

 98 k. son des fournées à 16 fr. les 100 k. . . . . . . .   15   70   23   50

**13 | MAGASIN DE GRAINES**

 5 kil. graine de trèfle . . . . . . . le kilo   1 fr. 20   6   »

 70   d°   Minette . . . . . .   d°   » 60   42   »

 25   d°   Raygras . . . . . .   d°   » 50   12   50

 2 hect. d°   Sainfoin . . . . . .   l'hect.   14 »   28   »

 3   d°   Vesces et pois . . .   d°   12 »   36   »

 1   d°   Sarrasin . . . . .   8 »   132   50

**14 | ATTELAGES**

 Valeur de 6 chevaux, suivant détail à l'inventaire . . . . .   3.425   »

**15 | TROUPEAU**

 Valeur de 120 mères brebis, 2 béliers, 100 agneaux de l'année,

  90 antenais . . . . . . . . . . . . . . . . .   7.250   »

**16 | VACHERIE**

 Valeur de 1 taureau, 15 vaches et 3 élèves . . . . . . . .   3.705   »

**17 | PORCHERIE**

 Valeur de 5 porcs . . . . . . . . . . . . . . . .   605   »

**18 | VOLAILLES**

 Valeur des volailles . . . . . . . . . . . . . . . .   206   »

**19 | SOLE DE BLÉ 1850**

 Avances faites à cette sole en 1849 jusqu'au 23 avril 1850,

  sur 20 hect. 27 ares :

 1° Labours sur 10 hectares, après racines et fourrages annuels,

  en moyenne 2 labours et 2 hersages, soit 20 labours sur

  1 hect. à 24 fr. l'un, hersage compris. . . .   480 fr.

 Et labours de jachère sur 10 hect., 3 labours et

  hersages, soit 30 labours sur 1 hect. à 24 f. l'un   720   1.200

 2° Semences, 10 hect. froment à 20 fr. l'hect.   800

  d°   2 d° seigle à 13 fr.   d°   25   825

 3° Engrais sur 10 hect. jachère, à 28.000 kilos l'hectare de

  fumier de ferme. . . . . . . . . . .   280.000 k.

 Et sur 10 hect. racines et fourrages, on

  estime qu'il reste, déduction faite

  de l'engrais absorbé par ces récoltes. 187.000 k.   467.000 k.

   à 8 f. les 1.000 k. épandus sur champ. . . . . . . .   3.736

 4° Fermage de 10 hect. jachère à 40 f. pour l'année   400

  Demi loyer sur 10 hect. 27 racines, etc., à 20 fr.   210   610   »

|  |  |  |  |  |  |  |  |  |
|---|---|---|---|---|---|---|---|---|
|  | *À reporter.* . . . . |  |  | 6.372 | » | 25.127 | 90 | » | » |

|  | | Report . . . | 6.372 | » | 25.127 | 90 | | » | | » |

**5° Frais généraux sur 10 hect. jachère à 20 fr. pour l'année.** . . . . . . . . . . . . . . . . . . . . 200 »

Moitié sur 10 hect. racines à 10 fr.. . . . . . . . 100 »  300 »  6.672 »

**20 | SOLE DE MARS 1850**

Avances faites à cette sole en 1849, au 23 avril 1850, sur 20 h. 20 ares :

1° 2 labours et hersages sur 20 hect., soit 40 labours sur 1 hect. à 24 fr., hersage compris . . . . . . 960 »

2° Semences, 53 h. avoine à 7 fr. l'hect . . . . . 371 »

d° 5 h. orge à.. 11 d° . . . . . 55 »  426 »

3° Engrais restant en terre, déduction faite de celui absorbé par la précédente récolte de blé, évaluée à 200.000 kil. à 8 fr. les 1.000 kil. . . . . . . . 1.600 »  2.986

**21 | SOLE FOURRAGÈRE 1850**

Avances à cette sole en 1849, suivant détail à l'inventaire, sur 20 hect. 25 ares. . . . . . . . . . . . . . . . . .  910 »

(Ces prairies semées dans les mars, n'ont supporté ni loyers ni frais généraux en 1849, lesquels ont été payés par la sole de mars ; en 1850 ces frais seront à leur charge.)

**22 | SOLE JACHÈRE 1850**

Avances à cette sole en 1849, son étendue est de 20 h. 26 ares :

1° Sur 1 hect. 75 ares betteraves :

A. 3 labours et hersages, soit 1 labour sur 5 hectares 25 ares, à 24 fr. l'un. . . . . . . . . . . . . 126 »

Roulage à 5 fr. . . . . . . . . . . . . . 8 25  134 25

B. 60,000 kil. fumier à 8 fr. épandage compris. . . 480 »

(La valeur de la moitié de cette fumure sera reportée sur le blé qui suivra.)

C. 8 kil. graines à 2 fr. . . . . . . . . . . . 16 »

Journées pour semer. . . . . . . . . . . . 12 »  28 »

612 25

2° Sur 2 hect. 01 pommes de terre :

A. 3 labours et hersages, soit 1 labour sur 6 h., à 24 f. 144 »

B. Fumier, 60,000 kil. à 8 fr. . . . . . . . . . 480 »

C. Semences, 32 hec. pommes de terre à 2 fr. . . . 64 »

Journées pour aider à semer. . . . . . . . . . 4 »  692

3° Sur 0 hect. 50 carottes :

Labours et semailles. . . . . . . . . . . . 32 »

Compost pour recouvrir la graine . . . . . . . 30 »

Semence . . . . . . . . . . . . . . . . . 2 »  64

4° Sur 1 hect. colza repiqué :

A. 2 labours et hersages à 24 fr. . . . . . . . . 48 »

B. 30,000 kil fumier à 8 fr. . . . . . . . . . . 240 »

A reporter . . . 288  1.398 25  35.695 90  »  »

|   |   | | | | | | | | | |
|---|---|---|---|---|---|---|---|---|---|---|
| | *Report*. . . . | 288 | » | 1.398 | 25 | 35.695 | 90 | | » | » |
| | C. Graine et travaux de pépinière. . . . . . . . | 31 | 25 | | | | | | | |
| | D. Premier sarclage . . . . . . . . . . . . . | 25 | » | 344 | 25 | | | | | |
| | *Nota :* Moitié de la valeur de la fumure sera reportée sur le blé qui suivra. | | | | | | | | | |
| | 5° Sur 1 hect. 65 vesces d'hiver après blé : | | | | | | | | | |
| | A. 1 labour et hersage à 24 fr. . . . . . . . | 39 | 50 | | | | | | | |
| | B. Semences, 3 hect. 50 vesces à 12 fr.. . . . . . | 42 | » | 81 | 50 | | | | | |
| | 6° Sur 13 hect. 35 francs-guérets : | | | | | | | | | |
| | En moyenne un labour à 24 fr. . . . . . . . . . | 320 | 50 | | | | | | | |
| | 64,000 kil. fumier déjà conduit sur la jachère, à 8 fr. | 512 | » | 832 | 50 | 2.656 | 50 | | | |
| 30 | **CAISSE** | | | | | | | | | |
| | Espèces en caisse au 23 avril 1850. . . . . . . . . . . | | | | | | | 505 | 75 | | |
| 32 | Rougemont, banquier à Orléans, débiteur au 23 avril 1850 . | | | | | | | 2.431 | 25 | | |
| 32 | Jaquet, de Fay-aux-Loges,      d° | | | | | | | 487 | 50 | | |
| 32 | Amand, de Jargeau,      d° | | | | | | | 400 | » | | |
| 32 | Denis, boucher à Saint-Denis,      d° | | | | | | | 265 | » | | |
| 32 | Pierre, à Donnery,      d° (3,308 fr. 75 c. total des déb.) | | | | | | | 25 | » | 42.166 | 90 |
| 36 | | | | | | | | | | | |

━━━━━━━━━ 23 avril 1850. ━━━━━━━━━

# INVENTAIRE D'ENTRÉE A DIVERS.

*Ouverture des comptes créditeurs formant le PASSIF :*

|   |   | | | | |
|---|---|---|---|---|---|
| 33 | A **François**, berger, créditeur au 23 avril . . . . . . . | 150 | » | | |
| 33 | A **Julien**, charretier,     d° | 150 | » | | |
| 33 | A **Denis**,    d°     d° | 80 | » | | |
| 34 | A **Mon Père**, argent qu'il m'a prêté    (4,380 fr. total des créd.) | 4.000 | » | | |
| 34 | A **Engrais, pailles** et **fourrages** à rendre en fin du bail. | | | | |
| | 11,000 kil. fourrages divers, à 4 fr. les 100 kil. . . . . | 440 | » | | |
| | 26,000 kil. pailles diverses, à 1 f. 50   d° . . . . . | 390 | » | | |
| | 180,000 kil. fumier, à 7 fr. (sur place) les 1,000 kil. . . . | 1.260 | » | 2.090 | » |
| | Total du passif. . | | | 6.470 | » |
| 36 | A **Capital:** | | | | |
| | Mon capital net au 23 avril 1850 . . . . . . . . . | | | 35.696 | 90 | 42.166 | 90 |

━━━━━━━━━ 14 mai 1850. ━━━━━━━━━

# CAISSE A DIVERS.

*Recettes du 23 avril au 14 mai. (Caisse f° 4.)*

| 16 | A **Vacherie** | | | | | | |
|---|---|---|---|---|---|---|---|
| | Vente au marché du 30 avril 20 k. beurre à 1 f. 70   34 f.    12 from. à 25 c. 3 f. | | | | | | |
| | d°     1er mai 19   d°   1 80   34 20 | | | | | | |
| | d°     7 d° 22   d°   1 80   39 60    12   d°   20   2 40 | | | | | | |
| | d°     14 d° 21   d°   1 70   35 70 | | | | | | |
| |       82 k. beurre    143 50    24 from.    5 40 | | | | | 148 | 90 |
| | *A reporter.* . . . . | | | | | 148 | 90 | 84.333 | 80 |

Report. . . .    148 90 | 84.333 80

18 | A **Volailles**

Vente au marché du 30 avril   12 douz. œufs à   0,50 c.   9 fr.
do    1er mai   20   do   0,55   11 »
do    7 do   19   do   0,50   9 50
do    14 do   18   do ·   0,55   9 90

    69 douz. œufs     39 40     39 40

32 | A **Jaquet**

14 mai, solde de son compte ancien. . . . . . . .    187 50

4 | A **Grains en greniers**

14 mai, de Cassegrain, pour 24 sacs froment à 27 fr. le sac,
soit 36 hect. à 18 fr. . . . . . . .    648 » | 1.023 80

—————————— 14 mai. ——————————

# DIVERS A CAISSE.

### *Dépenses du 23 avril au 14 mai. (Caisse fo 5.)*

27 | **Frais généraux**

24 avril, achat de livres, fournitures de bureau et timbres-poste.    25 »
24   do   Cotisation du comice d'Orléans.. . . . . . . . .    5 »    30 »

14 | **Attelages**

25 avril, achat de brosses et étrilles . . . . . . . . .    3 25

28 | **Main-d'œuvre**

30 avril, à Jacques, jard., 6 journ. au jardin à 2 fr. n. nourri.    12 »
14 mai, à Pascal et Pierre, 6 journ. à charger fumier à 1 fr. 25
et nourri. . . . . . . . . . . .    7 50    19 50

7 | **Ménage**

1er mai, achat d'étoffes pour habillement et fourn. de mercerie.    79 »
7   do   mois d'école des enfants et fournitures . . . .    10 »    89 »

33 | **François**, berger

12 mai, solde de son compte ancien . . . . . . .    150 »

33 | **Julien**, charretier

12 mai, solde de son compte ancien . . . . . . . .    150 »

33 | **Denis**, charretier

12 mai, solde de son compte ancien . . . . . . .    80 »

4 | **Grains en greniers**

14 mai, 1 voiture blé de 1849, menée à Orléans, frais d'au-
berge et de halle. . . . . . . . . .    3 75

6 | **Fournées**

30 | 14 mai, à Faucheux, meûnier à Saint-Mesmin, mouture de
14 hect. grains à 1 fr. 40. . . . . . . . .    19 60    547 10

*A reporter.* . . . . | 85.904 70

Report . . . . | 85.904 | 70

———————— 31 mai. ————————

**22/13 Sole jachère 1850 à magasin de graines**
15 mai, semé vesces et pois dans partie de la pièce de la
longère n° 19, sur 1 hectare 20 ares, 3 hect. vesces et pois
à 12 fr. l'hect. (Mémorial f° 24). ......... 36 »

———————— 30 juin. ————————

**6/4 Fournées à grains en grenier**
20 juin, à Faucheux, pour moudre 14 hect. méteil à 13 f. . . 182 »
20 d°      d°      d°      2 d° orge à 10 . . 20 » 202 »
30 d°      d°      d°      14 d° méteil à 13 . . 182 » . 384 »

———————— 2 juillet. ————————

## ATTELAGES A DIVERS.

*Consommation des chevaux du 25 avril au 2 juillet (Mémorial f°° 54 et 81).*

**9 A Magasin de paille**
1,470 k. paille litière, à . . . . . . . 1 fr. 50 les 100 k. 22 05

**10 A Magasin de fourrages**
1,680 k. foin de prés, à . . . . . . . . 4 » d° 67 20

**21 A Sole fourragère 1850**
10,080 k. incarnat vert, à raison de 5 p. 1. 0 80 d° 80 55

**A Grains en grenier**
52 hect. 92 avoine, à . . . . . . . . 7 » l'hectol. 370 45 | 540 25

———————— 30 novembre. ————————

## SOLE DE BLÉ 1851 A GRAINS EN GRENIERS.

*(Mémorial f° 24).*

Semailles des blés 1851 :
Sur n° 17 Garenne     3 h. 90 méteil     5 h. froment     1 h. seigle
     n° 19 Longère     3     85
     n° 18 Chant des oiseaux     4     15
     n° 16 des Bouleaux     4     10
     n° 20 des Peupliers     4     26 froment     37     75 froment-semence

     Étendue ensemencée     20 h. 26     12 h. 75 froment à 19 f. l'h.     812 25
                         1 h. seigle     10 » | 822 25

A reporter . . . . | 87.687 | 20

Report. . . . | 87.687 | 20

————————  22 avril 1851.  ————————

## DIVERS A SOLE DE BLÉ 1850.

Produit de la récolte des blés en 1850 sur 20 hectares 27 ares, au prix de vente moyen calculé au tableau dressé fᵒ 56 de ce livre. (*Nota* : Ce tableau devra être fait en pratique sur une page blanche du *Mémorial*).

Le total des sorties du compte de grains en greniers pour le froment s'élève à. . . . . . . . . . . . . . . . 342 h.75

Pour connaître la quantité de froment vendu de la récolte 1850 il faut en déduire :

1º Ce qui restait au dernier inventaire. . . . . . . 5 h. »

2º La vente faite des blés 1849 restant en gerbes à l'inv. 81  50

3º 20 hect. blé semence acheté. . . . . . . . . 20  »  106  50

Il reste pour le froment récolte 1850 vendu. . . . . . . 236 h.25

Le total des sorties du compte, gr. en greniers, pour le méteil s'élève à . . . . . . . . . . . . . . . . 114 h. »

Pour connaître la quantité du méteil vendu ou consommé de la récolte 1850, il faut en déduire ce qui restait au dernier inventaire . . . . . . . . . . . . . . 30 h.  30  »

Il reste pour le méteil vendu ou consommé. . . . . . . 84 h. »

La récolte de blé 1850 se compose de :

1º 236 hect. 25 from. vendu au prix moyen de 17 fr. 42 c. l'h. . 4.215 f.55

2º 22 hect. froment restant à l'invent. de ce jour, à 20 fr. . . 440  »

(Soit 258 h. 25 blé battu ; le *Mémorial* fᵒ 32 constate 259 h. 90 soit 1 hect. 65 déchet en greniers).

3º 1 meule froment nº 3, évaluée devoir produire au battage 88 h. 20 froment, au prix de 18 fr. (battage déduit). . . . 1.675  80

Total pour le froment . . . . 6.331  35

4º 84 hect. méteil vendu ou consommé, au pr. moy. de 12 f. 24  1.046  52

5º 1 hect. 50 méteil, restant à l'invent. de ce jour, à  12  »  18  »

6º Valeur des déchets de grains livrés aux volailles. . . . . 50  »

Total. . . . 7.445  87

5| **Grains en greniers**

| | | | | | |
|---|---|---|---|---|---|
| Froment battu et vendu | 236 h.25 au pr. moy. de 17 f.85 | 4.215  55 | | |
| Froment restant au grenier | 22  » à  20  » | 440  » | 4.655  55 |
| Méteil vendu ou consommé | 84  » au pr. moy. de 12  24 | 1.046  52 | |
| Méteil restant au grenier | 1  50 à  12  » | 18  » | 1.064  52 |
| Grains de déchets livrés aux volailles pour une valeur de. . . | | | 50  » |

5.770  07

3| **Grains en gerbes** 1850 (Compte nouveau).

19| 1 meule froment nº 3, évaluée contenir en grains 88 hect. 20, à raison de 18 fr. l'hect. (frais de battage déduits). . . . . 1.675  80 | 7.445  87

*À reporter*. . . . | 95.133 | 07

## 4° GRAND LIVRE.

Nous avons expliqué l'usage du Grand-livre en nous occupant de la partie simple ; il doit son nom plutôt à son importance qu'à sa grandeur ; cependant il est bon de lui donner assez de feuillets pour servir plusieurs années et même pendant une rotation de l'assolement. A cet effet, il faut, en ouvrant les comptes, laisser à chacun d'eux un nombre de feuillets proportionné à leur importance, afin de conserver, aussi longtemps que possible, l'ordre adopté lors de leur ouverture.

Le Grand-livre en partie double a une colonne de plus que celui en partie simple, dont nous avons donné le modèle. Cette colonne suit celle de la date, et sert à mentionner, au débit, le nom du compte créditeur correspondant, sous cette formule : à *Grains en greniers,* à *Caisse,* à *Pertes et Profits,* etc. Cette même colonne, au crédit, reçoit le nom du compte débiteur, sous cette autre formule : *par Caisse, par Grains en greniers,* etc. Ce qui veut dire, dans le premier cas, que le compte *Doit* à tel autre, et dans le second cas, que le compte est crédité par tel autre compte.

Notre modèle de Grand-livre ci-joint fera voir d'un seul coup-d'œil l'usage des diverses colonnes qui y sont tracées ; ce livre est folioté à livre ouvert, c'est-à-dire que le *verso* d'une page porte le même folio que le *recto* de l'autre ; la page gauche reçoit tous les débits et celle de droite les crédits.

Entre les deux mots *Débit* et *Crédit,* on écrit en lettres saillantes le nom du compte, en l'étendant, s'il est nécessaire, sur les deux pages.

Quant aux comptes personnels, qui sont peu nombreux en culture et sont assez courts, on peut les reléguer dans les derniers folios du

Grand-livre, en mettre plusieurs sur la même page, et même pour ceux qui ne se présenteront que très-rarement, ne leur faire occuper que deux lignes sur une page intitulée *Divers*.

Chacun des articles du Journal est reporté au Grand-livre à son compte, soit au débit, soit au crédit, en abrégeant autant que possible. L'inspection d'une page du Grand-livre suffira pour faire comprendre la manière d'y reporter les écritures.

Une colonne spéciale est destinée à recevoir le folio du Journal où se trouve l'article, afin de pouvoir s'y reporter si les détails paraissent insuffisants, et pour servir aux pointages s'ils deviennent nécessaires.

On appelle *pointer* sur un livre, faire la vérification, afin de reconnaître si tous les articles ont été reportés d'un livre à un autre ; pour indiquer que cette vérification est faite, on fait un point ou un trait au crayon à côté du folio.

Un article étant reporté du Journal au Grand-livre, on note le folio du Grand-livre où il a été reporté sur la marge du Journal, en regard de l'article, et pour séparer le folio du compte débiteur de celui ou de ceux des comptes créditeurs, on passe un trait au-dessous.

Nous donnons dans les tableaux ci-joints l'exemple de quelques comptes du Grand-livre, tels qu'ils y figurent après la clôture de fin d'année. On trouvera aussi dans le *Mémorial* des modèles de comptes de la page 94 à 98.

Un compte au Grand-livre se compose d'un certain nombre d'articles au débit et au crédit ; la différence entre le montant du crédit et celui du débit s'appelle balance ou *solde débiteur*, si le débit dépasse le crédit, et *solde créditeur*, si c'est le crédit qui est plus fort que le débit.

Si l'on désire clore un compte dont le débit égale le crédit, il faut tirer un trait au-dessous et faire l'addition, qui présentera la même somme au débit et au crédit, autrement dit, le *compte sera balancé*.

Si le compte présente un solde débiteur ou créditeur et qu'on désire l'arrêter, il faudra passer au Journal un article qui, rapporté au au Grand-livre, balancera le compte par un solde débiteur ou créditeur.

En voici un exemple; la caisse reste devoir 500 fr. — J'écris au Journal :

*Caisse compte nouveau à elle-même compte vieux.*

      Solde débiteur à nouveau. . . . . . . . . . 500 fr.

L'article de crédit 500 fr. étant porté au Grand-livre, et l'addition faite du débit et du crédit, le compte sera balancé ; mais en reportant ensuite au débit le solde débiteur à nouveau, le compte présentera un compte arrêté par un débit à nouveau de 500 fr.

Les écritures pour arrêter un compte créditeur sont les mêmes, sauf la formule : *Tel compte ancien à lui-même compte nouveau.*

Dans la partie simple ces arrêtés de comptes se font simplement sur le Grand-livre, mais dans la partie double, le montant des articles inscrits au Journal devant toujours être égal au total des débits comme au total des crédits inscrits au Grand-livre, il est nécessaire de passer ces articles au Journal.

## 5° LIVRE D'INVENTAIRE.

Un livre ou simple cahier est consacré à inscrire l'inventaire annuel; nous en avons donné le modèle dans le *Mémorial*, page 90 : son examen suffira pour le faire comprendre.

### 6° CAHIER DE BALANCES DE VÉRIFICATION.

Sur un cahier réglé d'une manière spéciale dont un modèle est ci-joint, on fera tous les mois ou tous les trimestres une balance de vérification, pour s'assurer que tous les articles du Journal ont été reportés au Grand-livre, et qu'il n'y a pas eu d'erreurs dans les additions au Journal, des groupes de crédit qui ont été passés par un seul débit et *vice versà*.

Le Grand-livre étant à jour, on en relève le total des débits et des crédits inscrits pendant le mois ou le trimestre soumis à la vérification; on inscrit sur la feuille et pour chaque compte, d'une part le total du débit, et à côté celui du crédit. Ayant ainsi procédé pour tous les comptes du Grand-livre, on additionne séparément à la balance les débits et les crédits, et l'on doit trouver une somme égale tant au crédit qu'au débit. Ce résultat doit évidemment se produire, s'il n'a pas été commis d'erreur, puisque chaque article a donné un débiteur et un créditeur de pareille somme. En cas d'erreur, on a recours au pointage que nous avons expliqué plus haut.

Ces balances de vérification sont dites *balances mensuelles* ou *trimestrielles*, suivant la période adoptée.

On appelle *balance générale*, celle qui est faite à la fin de l'année, avant de procéder à la clôture définitive des comptes. Elle se fait de même que la précédente, mais sur les écritures de l'année, et, de plus, son total doit être égal à celui des articles inscrits au Journal (Ci-joint modèle de ces balances).

Ce modèle fait voir également qu'un tableau, en regard du total des débits et des crédits de la balance générale, est destiné à recevoir le solde débiteur ou créditeur de chaque compte; addition faite des soldes débiteurs et créditeurs, les sommes doivent être égales.

# BALANCE DU 1ᴱᴿ TRIMESTRE 1850 AU 31 JUILLET.

| Fᵒˢ. | COMPTES. | DÉBIT. | | CRÉDIT. | |
|---|---|---|---|---|---|
| 1 | Mobilier. | 5.072 | 65 | » | » |
| 2 | Engrais et amendements | 301 | » | » | » |
| 3 | Grains en gerbes | 2.312 | 95 | » | » |
| 4 | Grains en greniers. | 956 | 50 | 3.401 | 05 |
| 6 | Fournées | 621 | 50 | » | » |
| 7 | Ménage | 1.436 | 85 | » | » |
| 9 | Pailles | 450 | » | 373 | 80 |
| 10 | Fourrages | 480 | » | 213 | 20 |
| 11 | Racines | 10 | » | » | » |
| 12 | Sons et tourteaux | 71 | 50 | 97 | 55 |
| 13 | Magasin de graines | 639 | 10 | 408 | 50 |
| 14 | Attelages | 4.703 | 50 | 400 | » |
| 15 | Troupeau | 7.899 | 45 | 3.132 | » |
| 16 | Vacherie. | 4.354 | 35 | 664 | 70 |
| 17 | Porcherie | 754 | 95 | 542 | 50 |
| 18 | Volailles. | 229 | 80 | 121 | 35 |
| 19 | Sole blé 1850 | 6.762 | » | » | » |
| 20 | Sole Mars 1850. | 3.031 | » | » | » |
| 21 | Sole fourragère 1850 | 955 | » | 567 | 15 |
| 22 | Sole jachère 1850 | 2.698 | » | 360 | » |
| 27 | Frais généraux. | 1.488 | 75 | » | » |
| 28 | Main d'œuvre | 326 | 50 | » | » |
| 30 | Caisse | 8.445 | 80 | 8.183 | 70 |
| 31 | Améliorations foncières | 120 | » | » | » |
| 31 | Rougemont. | 6.431 | 25 | » | » |
| 32 | Jacquet | 187 | 50 | 187 | 50 |
| 32 | Amand | 400 | » | 400 | » |
| 32 | Denis | 265 | » | 265 | » |
| 32 | Pierre | 25 | » | 25 | » |
| 33 | François. | 150 | » | 150 | » |
| 33 | Julien | 150 | » | 150 | » |
| 33 | Denis. | 80 | » | 80 | » |
| 33 | Fumiers, pailles et fourrages à rendre | » | » | 2.090 | » |
| 34 | Mon père | » | » | 4.000 | » |
| 36 | Capital d'exploitation | » | » | 35.696 | 90 |
| 36 | Inventaire d'entrée. | 42.166 | 90 | 42.166 | 90 |
| | Toᴛᴀʟ égal à celui du Journal. | 103.676 | 80 | 103.676 | 80 |

# BALANCE GÉNÉRALE. — ANNÉE 1850.

| Fos. | COMPTES. | DÉBIT. | | CRÉDIT. | | SOLDE DÉBITEUR. | | SOLDE CRÉDITEUR. | |
|---|---|---|---|---|---|---|---|---|---|
| 1 | Mobilier | 5.072 | 65 | 506 | 65 | 4.566 | » | » | » |
| 2 | Engrais et amendements | 4.903 | » | 4.602 | » | 301 | » | » | » |
| 3 | Grains en gerbes 1849 | 2.802 | 25 | 2.802 | 25 | » | » | » | » |
| 3 | Grains en gerbes 1850 | 2.585 | 80 | » | » | 2.585 | 80 | » | » |
| 5 | Grains en greniers | 13.630 | 75 | 12.649 | 75 | 981 | » | » | » |
| 6 | Fournées | 1.248 | 50 | 1.184 | 50 | 64 | » | » | » |
| 8 | Ménage | 4.066 | 05 | 3.817 | 05 | 249 | » | » | » |
| 9 | Magasin de pailles | 2.347 | 10 | 1.822 | 10 | 525 | » | » | » |
| 10 | Magasin de fourrages | 3.260 | » | 2.716 | » | 544 | » | » | » |
| 11 | Magasin de racines | 1.955 | 10 | 1.934 | 10 | 21 | » | » | » |
| 12 | Magasin de sons et tourteaux | 503 | 40 | 499 | 90 | 3 | 50 | » | » |
| 13 | Magasin de graines | 1.000 | 10 | 938 | 10 | 62 | » | » | » |
| 14 | Attelages | 8.985 | 50 | 5.610 | 50 | 3.375 | » | » | » |
| 15 | Troupeau | 14.316 | 10 | 7.183 | 10 | 7.133 | » | » | » |
| 16 | Vacherie | 8.808 | 70 | 4.508 | 70 | 4.300 | » | » | » |
| 17 | Porcherie | 1.937 | 50 | 1.357 | 50 | 580 | » | » | » |
| 18 | Volailles | 1.691 | 50 | 1.505 | 50 | 186 | » | » | » |
| 19 | Sole Blé 1850 | 10.347 | 20 | 10.347 | 20 | » | » | » | » |
| 20 | Sole Mars 1850 | 5.823 | 55 | 5.823 | 55 | » | » | » | » |
| 21 | Sole fourragère 1850 | 3.834 | 95 | 3.834 | 95 | » | » | » | » |
| 22 | Sole jachère 1850 | 7.870 | 75 | 7.870 | 75 | » | » | » | » |
| 23 | Avances à sole blé 1851 | 6.452 | 90 | » | » | 6.452 | 90 | » | » |
| 24 | Avances à sole mars 1851 | 3.116 | 90 | » | » | 3.116 | 90 | » | » |
| 25 | Avances à sole fourragère 1851 | 1.006 | 50 | 101 | 70 | 904 | 80 | » | » |
| 26 | Avances à sole jachère 1851 | 2.962 | 75 | » | » | 2.962 | 75 | » | » |
| 27 | Frais généraux | 4.641 | 05 | 4.641 | 05 | » | » | » | » |
| 28 | Main-d'œuvre | 1.011 | 10 | 1.011 | 10 | » | » | » | » |
| 30 | Caisse | 22.396 | 90 | 22.306 | 55 | 90 | 35 | » | » |
| 31 | Améliorations foncières | 480 | » | 48 | » | 432 | » | » | » |
| 31 | Rougemont | 8.715 | 45 | 3.700 | » | 5.015 | 45 | » | » |
| 32 | Jacquet | 619 | 50 | 619 | 50 | » | » | » | » |
| 32 | Amand | 400 | » | 400 | » | » | » | » | » |
| 32 | Denis | 265 | » | 265 | » | » | » | » | » |
| 32 | Pierre | 25 | » | 25 | » | » | » | » | » |
| 32 | Bouilly | 120 | » | » | » | 120 | » | » | » |
| 32 | Richard | 45 | » | » | » | 45 | » | » | » |
| 32 | Cassegrain | » | » | 24 | » | » | » | 24 | » |
| 32 | Bompard | » | » | 78 | » | » | » | 78 | » |
| 33 | François | 150 | » | 300 | » | » | » | 150 | » |
| 33 | Julien | 150 | » | 255 | » | » | » | 105 | » |
| 33 | Denis | 80 | » | 175 | » | » | » | 95 | » |
| 33 | Marie | » | » | 100 | » | » | » | 100 | » |
| 33 | Louise | » | » | 75 | » | » | » | 75 | » |
| 34 | Fumiers, pailles et fourrages à rendre | » | » | 2.090 | » | » | » | 2.090 | » |
| 34 | Mon père | 4.000 | » | 4.000 | » | » | » | » | » |
| 35 | Pertes et profits | 6.417 | 75 | 6.417 | 75 | » | » | » | » |
| 36 | Capital d'exploitation | » | » | 41.599 | 45 | » | » | 41.599 | 45 |
| 36 | Inventaire d'entrée | 42.166 | 90 | 42.166 | 90 | » | » | » | » |
| 36 | Inventaire de sortie | 44.316 | 15 | 44.316 | 15 | » | » | » | » |
| | | 256.229 | » | 256.229 | » | 44.316 | 15 | 44.316 | 15 |

Ces tableaux sont fort utiles dans le commerce, en ce qu'ils indiquent, par les soldes, les ressources que présentent les divers comptes.

Avant de faire l'une ou l'autre de ces balances, nous conseillons aux agriculteurs tenant des écritures de faire toujours un pointage du Journal au Grand-livre, afin de s'assurer qu'il n'a pas été commis d'erreurs de report ; cette précaution simplifiera les recherches pour ajuster les balances.

## CHAPITRE IV.

### Tableau des Comptes à ouvrir pour la comptabilité d'une exploitation,

PRÉSENTÉE COMME EXEMPLE.

#### *A. — Denrée en magasin et mobilier agricole.*

1 Compte Mobilier agricole.

2 — Engrais et amendements.

3 — Grains en gerbes.

4 — Grains en greniers.

5 — Fournées.

6 — Magasin de pailles.

7 — — de fourrages.

8 — — de sons, tourteaux, etc.

9 — — de graines (fourragères et autres).

#### *B. — Bétail.*

1 Compte des attelages.

2 — du troupeau.

3 — de la vacherie.

4 Compte de la porcherie.

5    —     des volailles.

### C. — *Récoltes en terre, de l'année.*

1 Compte de la sole de blé 186 .

2    —     de la sole de mars 186 .

3    —     de la sole fourragère 186 .

4    —     de la sole jachère, racines et plantes oléagineuses 186.

### D. — *Emblavures, avances aux soles de l'année suivante.*

1 Compte d'avances à la sole de blé 186 .

2    —     —    à la sole de mars 186 .

3    —     —    à la sole fourragère 186 .

4    —     —    à la sole jachère 186 .

### E. — *Comptes de frais.*

1 Compte de ménage.

2    —     de frais généraux et fermage.

3    —     de la main-d'œuvre.

### F. — *Compte de caisse comprenant l'argent ainsi que les billets à recevoir.*

### G. — *Comptes de débiteurs.*

1 Compte d'améliorations foncières.

2 Tous autres comptes personnels débiteurs.

### H. — *Comptes de créditeurs.*

1 Engrais, pailles et fourrages à rendre en fin de bail.

2 Tous autres comptes personnels créditeurs.

### J. — *Résumés des comptes.*

1 Compte de pertes et profits.

2 Compte du capital d'exploitation.

*K. — Ouverture et clôture des comptes.*

1  Compte d'inventaire d'entrée.

2     —          —       de sortie.

Nous n'avons cité que les comptes utilisés dans notre exemple de comptabilité pratique, suffisants pour les exploitations du centre de la Beauce et de la Brie. La suite de ce chapitre indiquera d'autres comptes qui pourraient être nécessaires dans des régions agricoles différentes, ainsi que les subdivisions que peuvent recevoir les comptes ci-dessus énumérés.

## De l'Inventaire et de l'époque à laquelle il convient de le faire.

Dans l'exemple que nous donnons, l'époque d'entrée en ferme est fixée au 23 avril (Saint-Georges), ainsi que cela se pratique dans la Beauce et le Val de la Loire.

Nous supposons que l'exploitation date de plusieurs années et comprend toutes les opérations d'une année culturale. A cette époque, les semailles de Mars peuvent être terminées, les blés à récolter dans l'année ont été faits à l'automne précédent, et, sauf les frais de récolte, presque toutes les dépenses qui les concernent sont faites et consignées à l'inventaire ; alors aussi presque toutes les récoltes de céréales sont battues, leur rendement réel est connu, et leurs comptes arrêtés présentent des résultats plus exacts qu'à aucune autre époque de l'année. S'il reste quelques meules à battre, les battages exécutés permettent d'en estimer le produit. La plus grande partie des pailles et fourrages, et toutes les racines ont été consommées par les bestiaux; le produit de ces récoltes est vérifié par les quantités mises en consommation, et ce qu'il en reste est facile à évaluer.

Le *Mémorial* ayant tenu note des récoltes rentrées et de leur évaluation, ces renseignements suffisent pour faire juger, pendant le cours de l'année, de leur importance, et déterminer à temps les approvisionnements pour la nourriture des bestiaux. On peut donc attendre la fin de l'année pour constater au Journal toutes les récoltes ; alors le rendement réel est connu, les ventes opérées donnent le prix moyen de vente de l'année, et l'on peut considérer comme exacts les résultats des comptes de culture arrêtés à l'inventaire.

Au 23 avril, le cours des bestiaux s'est établi dans les foires du printemps et sert de base à la mise à prix pour l'inventaire, les animaux engraissés l'hiver sont en partie vendus, et leur prix de vente guidera pour l'évaluation de ceux qui restent.

Tout concourt donc à ce que l'inventaire fait au 23 avril donne l'appréciation la plus exacte possible. Il est bien entendu que, pour la mise à prix, il faut se tenir dans un terme moyen, sans exagération, pouvant faire croire à des bénéfices qui se traduiraient plus tard en pertes, lors de la réalisation.

Le cultivateur qui entre en ferme au mois d'avril, n'a point de récoltes céréales à faire dans cette première année ; son inventaire d'entrée et les écritures subséquentes n'auront à constater en partie que des avances faites pour les récoltes de l'année suivante. Les bestiaux seuls pourront donner un résultat à l'inventaire du 23 avril suivant ; cet inventaire établira l'importance du capital d'exploitation nécessaire.

---

### Prix des fumiers, pailles et fourrages,

#### ADOPTÉ POUR NOTRE EXEMPLE.

Dans son cours d'agriculture, tome V, page 587, le comte de Gasparin s'exprime ainsi sur la question du prix des engrais :

» C'est la partie la plus délicate de la comptabilité agricole, et

» sans laquelle cependant elle reste dans une obscurité complète, et
» produit autant d'illusions qu'il y a de branches d'industrie dans
» l'exploitation. C'est l'oubli de cet article qui fait penser à tant de
» cultivateurs qu'ils sont en perte sur le bétail, erreur sur laquelle
» proteste la réalité, puisque·les exploitations sont d'autant plus
» prospères que cette prétendue cause de perte est plus multipliée ;
» c'est l'oubli de cet article qui a fait estimer trop haut les cultures
» auxquelles on applique le fumier, et trop bas les cultures qui en
» sont privées. »

On est d'accord aujourd'hui que les récoltes pleines sont celles qui donnent le prix de revient le moins élevé ; que, pour les obtenir, il faut d'abondantes fumures ; que non-seulement on doit s'efforcer de produire la plus grande quantité de fumier dans l'exploitation, mais encore que généralement on achète en supplément des engrais commerciaux.

Tout tend donc à démontrer qu'il est impossible de ne pas donner un prix au fumier de ferme, surtout lorsque, par la comptabilité, on tient à reconnaître exactement le prix de revient de tous les produits.

Un prix étant adopté pour le fumier de ferme, il sera facile de comparer les résultats financiers des fumures faites avec des engrais industriels, et de ne les acheter qu'à leur valeur réelle constatée par la pratique.

Nous avons dit dans notre préface que nous avions dressé la comptabilité d'une exploitation pour une année culturale, en vue de la faire servir à l'étude pratique dans les établissements d'instruction publique, nous avons dû, pour cet exemple, évaluer le prix des fumiers, pailles et fourrages ; naturellement nous avons adopté ceux que nous avions établi dans notre exploitation. Nous n'avons pas la prétention de les prescrire pour toutes les situations, et nous ne les donnons qu'à titre d'exemple et de renseignement.

Dans un mémoire non encore publié, nous nous sommes attaché à démontrer que le fumier vaut en proportion de la quantité de blé qu'il fait produire, au-delà de la récolte donnée par une terre non fumée ou fumée par une quantité déterminée d'engrais.

Le résultat de nos recherches nous a conduit à attribuer au fumier normal de ferme à demi consommé une valeur de 7 fr. les 1,000 kil. pris sur place; nous ajoutions 1 fr. pour le transport et l'épandage, dans notre ferme dont les terres entourent les bâtiments, ce qui porte à 8 fr. le prix des 1,000 kil. de fumier épandu sur le champ.

Quant au prix de la paille, nos recherches sur son rôle comme matière première des fumiers et sa coopération à la nourriture des bestiaux, nous ont conduit à lui donner le prix de 1 fr. 50 c. les 100 kil.

Relativement aux fourrages, considérant la valeur que peut créer leur consommation par les bestiaux, soit en lait, soit en viande et finalement en fumier, nous avons pensé pouvoir les évaluer 4 fr. les 100 kil.; quant aux fourrages consommés en vert, comme ils perdent à la dessication des 3/4 aux 4/5$^e$ de leur poids, nous en avons porté le prix à raison de 5 kil. pour 1, soit à 0,80 cent. les 100 kil.

Nous aurions à discuter longuement sur ces sujets, plusieurs comptables ayant proposé de coter les produits au prix de revient; il nous serait facile de démontrer la confusion que cette méthode apporterait dans la comptabilité, mais conservons le modeste rôle de professeur de comptabilité, et contentons-nous de fixer des bases pour l'exemple d'une tenue de livres.

Nous faisons d'ailleurs observer qu'avec notre comptabilité, rien n'est plus facile d'établir le compte de revient de chacun des produits, soit qu'on admette un prix fixe donné aux fumiers, pailles et fourrages, au moins pour plusieurs années, soit qu'on veuille donner aux fourrages le prix réel de revient d'après le compte de la sole fourragère, et au fumier son prix de revient calculé sur le résultat de tous les comptes des bestiaux.

Par l'une et l'autre de ces méthodes, les résultats du compte général de l'exploitation seront finalement les mêmes et représentés par la balance du compte de Pertes et profits.

---

Un mot sur l'évaluation des fumiers restant en terre à l'inventaire, dont la valeur doit être portée à l'actif.

Nous avons dit, page 18 de notre *Mémorial*, que nous estimions qu'une fumure sur colza et racines laissait à la disposition de la récolte céréale suivante, 50 p. 0/0 du fumier qui lui a été fourni ; que si l'on avait fumé spécialement pour le blé, nous admettions que le blé absorbait les 3/5ᵉˢ du fumier et qu'il restait 2/5ᵉˢ de sa valeur, dont nous chargerions la récolte de grains de printemps qui viendrait après, ou qui suivrait un fourrage semé dans le blé.

Nous avons admis qu'à moins d'une fumure exceptionnelle, après deux récoltes de céréales, la valeur du fumier en terre doit disparaître de l'actif.

L'estimation de la valeur des pâturages consommés par les bestiaux sera faite d'après celle de la ration à l'étable dont les écritures ont fixé le prix moyen. Ces pâturages peuvent n'être qu'une fraction de la nourriture journalière, demi, un tiers, un quart de ration par exemple, et cela est facilement reconnu au moyen du supplément donné aux animaux à l'étable, pour compléter leur nourriture habituelle.

# CHAPITRE V.

## Des comptes ouverts dans la comptabilité rurale,

### DE LEUR USAGE.

Pour l'organisation rationnelle d'une comptabilité, nous devrons d'abord observer avec soin quelles sont les branches susceptibles de produire un bénéfice. Un compte devra être ouvert à chacune d'elles, afin d'être éclairé sur leurs résultats et de reconnaître qu'elles sont les opérations plus ou moins fructueuses ou préjudiciables.

En première ligne se présentent les cultures, qui, soit qu'on ouvre à chacune d'elles un compte distinct, soit qu'on les ait groupées dans des comptes par soles, donneront pour résultat un bénéfice ou une perte.

Viennent ensuite les comptes des bestiaux, bêtes chevalines, bovines, ovines et porcines, dont les comptes tenus séparément détermineront le bénéfice ou la perte sur chaque espèce de bétail. Ces résultats sont importants à connaître, soit que le sol cultivé se trouve assez heureusement constitué pour permettre au cultivateur le choix de ses spéculations, ou qu'il doive limiter son industrie à des espèces convenant spécialement à la nature de son sol.

C'est en effet l'espèce de bétail donnant le plus grand profit, qui livre à l'agriculteur le fumier au plus bas prix, et comme la tenue du bétail est généralement indispensable pour la production du fumier, les cultures seront d'autant plus fructueuses qu'elles auront reçu une plus grande quantité de fumier au prix de revient le plus bas.

Les comptes dont nous allons parler concourrent également à la bonne économie de la production, par l'ordre et le contrôle qu'ils établissent dans toutes les opérations de l'exploitation.

Nous mentionnons d'abord les comptes de frais, tels que ceux des attelages, du ménage, de la main-d'œuvre et des frais généraux. Il est du plus grand intérêt d'étudier isolément tous ces faits qui influent sur les résultats, car il n'y a de bénéfice qu'après prélèvement de toutes les dépenses. Cet examen permettra de résoudre bien des questions. Ainsi, certains frais sont-ils obligatoires? Ne peut-on pas faire des économies sur quelques-uns? Tel assolement exige-t-il plus de frais que tel autre? Etc. etc.

Les comptes d'ordre sont ouverts aux magasins de grains, pailles, fourrages, graines, fournées comprenant le produit des moutures, farines et sons, etc. La tenue régulière de ces comptes garantit l'ordre dans la distribution des rations au bétail, et fournit les données nécessaires pour calculer l'approvisionnement judicieux de la ferme. Nous ajouterons que le gaspillage et les détournements deviennent d'autant plus difficiles qu'on voit le cultivateur se rendre de tout des comptes détaillés.

En passant en revue chacun des comptes qu'on peut ouvrir dans une exploitation rurale, nous donnerons des notions générales sur tous les articles dont se composent leur débit et leur crédit et sur la manière d'ouvrir et de clore ces comptes.

---

### Denrées en magasin et Mobilier agricole.

#### 1ᵉʳ COMPTE DU MOBILIER AGRICOLE.

Ce compte est destiné à faire connaître la valeur du mobilier agricole, et les frais faits pour son entretien, son accroissement et son renouvellement. L'estimation à l'inventaire de fin d'année détermine le chiffre de la dépense faite, y compris la perte pour usure et dépréciation, qui doit être mise à la charge des divers comptes qui ont utilisé ce mobilier. On a vu, page 90 du *Mémorial*, que nous avons divisé ce compte en quatre groupes se rapportant aux quatre comptes auxquels ce mobilier est particulièrement affecté : 1° Mobilier se rapportant au compte de ménage ; 2° Mobilier se rapportant au compte des attelages ; 3° celui de la vacherie ; 4° enfin celui de la bergerie.

Suivant le besoin, on peut faire d'autres divisions ; ainsi une machine à battre et ses accessoires se rapporteraient aux récoltes de grains ; son entretien, son amortissement feraient partie des dépenses du battage. La culture de la vigne jointe à une exploitation, donnerait une division nouvelle pour les instruments viticoles et les vaisseaux vinaires ; il en serait de même pour toute industrie annexée à une ferme, distillerie, féculerie, etc.

*Ouverture du compte.* — Ce compte est ouvert par inventaire d'entrée et reçoit à son débit la valeur du mobilier agricole reconnue à l'inventaire.

*Débit.* — Il est débité au courant de l'année, du prix de tous achats de mobilier neuf et du montant des mémoires d'ouvriers pour sa réparation ; en vérifiant ces mémoires, on établit au bas de chacun d'eux la note des objets neufs et leur prix, ainsi que le chiffre des réparations qui s'appliquent à chacune des divisions adoptées, de manière à pouvoir facilement en fin d'année porter à chacune d'elles la dépense à sa charge.

*Crédit.* — Il est crédité du prix de tous les objets mobiliers vendus, soit entiers, soit à l'état de débris ou ferraille.

*Clôture de ce compte.* — En fin d'année, on dresse un nouvel inventaire du mobilier, en y ajoutant les objets neufs ou achetés dans l'année, et retranchant ceux vendus ou détruits. Le montant de cet inventaire est la valeur actuelle du mobilier agricole ; ajoutant cette somme au crédit du compte, la différence entre le débit et le crédit donnera le chiffre de la dépense à répartir sur les comptes qui se rapportent à ses diverses divisions.

On débite ces comptes de la dépense à leur charge, par le crédit du compte mobilier, et enfin le solde débiteur se trouve être la valeur évaluée du mobilier à l'inventaire.

Ce compte est balancé par inventaire de sortie pour la valeur du mobilier.

*Nota :* — L'inventaire du mobilier étant dressé avec le soin apporté dans le modèle que nous avons donné, page 90 du *Mémorial*, s'il n'y a pas eu de grands changements dans l'année, on pourrait se contenter d'ajouter à son prix les objets neufs, d'en déduire ceux vendus ou détruits par vétusté, et de faire sur le tout une déduction de 5 ou 10 p. 0/0 par exemple, pour représenter l'amortissement ; on pourrait alors ne faire que tous les trois ans un inventaire régulier et complet, dans lequel on donnerait aux objets leur prix vénal, que tout cultivateur apprend à connaître, en suivant les ventes nombreuses qui se font chaque année. Il est trop facile de s'illusionner sur la valeur du matériel d'une exploitation, pour qu'on ne reconnaisse pas toute l'utilité de ces inventaires.

## 2° COMPTE D'ENGRAIS ET AMENDEMENTS.

Ce compte constate la production et l'emploi des fumiers et amendements fabriqués ou utilisés dans l'exploitation, tels que fumiers de la ferme, engrais achetés, composts, marnages, terreautages, etc.

On devra pratiquer sur le compte d'Engrais, au Grand-livre, deux larges colonnes intérieures, tant au débit qu'au crédit ; la première sert à inscrire le poids ou quantité de fumier entré ; dans la seconde, on notera l'espèce, le poids ou la mesure des autres engrais achetés ou fabriqués, ainsi que leur prix. Deux colonnes semblables au crédit serviront pour inscrire les mêmes renseignements relatifs à la sortie.

*Ouverture.* — Il est ouvert par inventaire d'entrée, et reçoit à son débit la valeur des fumiers et autres engrais ou amendements restant au moment de l'inventaire.

*Débit.* — Au courant de l'année, il est débité du prix des engrais achetés. En fin d'année, il est débité par le compte de main-d'œuvre du temps passé au travail des composts et fumiers, du prix de leur chargeage et épandage, des frais d'extraction, et par le crédit du compte d'attelages, du prix de transport des marnes, terres et autres amendements.

A la même époque, il est débité de la valeur des fumiers produits dans la ferme, par le crédit des comptes des divers bestiaux producteurs de ces fumiers, (Voir le *Mémorial,* page 11, pour l'évaluation des fumiers produits).

*Crédit.* — Il est crédité en fin d'année, de la valeur des engrais conduits aux champs, par le débit des soles qui les ont reçus. Ces écritures sont relevées des tableaux n^os 2 et 3 du *Mémorial.*

*Clôture.* — Ce compte est balancé par le débit de celui d'inventaire de sortie, pour la valeur des engrais restant à l'inventaire.

### 3° COMPTE DE GRAINS EN GERBES.

Ce compte est destiné à constater la quantité et la valeur des récoltes céréales en gerbes. Fin d'année, lors de l'inventaire, il reste débiteur des grains en gerbes restant à battre. Notre *Mémorial* donne l'état de ces récoltes au tableau n° 7, qui contient l'évaluation de leur produit en grains et en paille, et de leur valeur à un

prix présumé : cette évaluation est indispensable pour faire la déclaration de l'assurance contre l'incendie. On pourrait s'en servir pour
débiter, aussitôt après la moisson, le compte de Grains en gerbes de
la valeur de la récolte, par le crédit des soles qui l'ont produite; mais
le produit et le prix ne pouvant être évalués que d'une manière hy-
pothétique, nous préférons ne passer cet article qu'à la fin de l'année,
lorsque le produit sera connu par le battage et le prix moyen par la
vente ; le tableau n° 7 du *Mémorial* suffira au courant de l'année
pour fixer approximativement l'importance de la récolte.

*Ouverture.* — Ce compte est ouvert au débit, pour la valeur des
grains en gerbes restant à l'inventaire et non encore battus, par le
crédit du compte inventaire d'entrée.

*Débit.* — Fin d'année, il est débité en un seul article de la valeur
de la récolte céréales en gerbes et de son produit réel alors connu,
par le crédit des soles qui l'ont produite.

*Crédit.* — Fin d'année aussi, il est crédité du produit du battage
des grains, noté tableau n° 10 du *Mémorial,* dont on déduit pour
chaque espèce de céréale, le déchet en greniers reconnu par l'état
des ventes et des recettes. La valeur de ces grains est cotée au prix
moyen de vente relevé du compte de Grains en greniers ; ce crédit
est donné par le débit du compte de Grains en greniers qui doit
rendre compte de tous les grains qui lui ont été confiés.

*Clôture.* — Il est alors crédité de la valeur des grains restant à
battre, par le débit du compte inventaire de sortie, et doit ainsi balancer exactement sans pertes ni profits.

### 4° COMPTE DE GRAINS EN GRENIERS.

Le compte de Grains en greniers donne l'état de tous les grains
entrés et sortis des magasins ; il en contrôle les quantités, établit les

prix de vente de la récolte, et fait connaître la perte ou le profit sur les grains restant de la précédente récolte qui n'étaient pas battus lors de l'inventaire.

Sur le Grand-livre on devra tracer des colonnes intérieures au débit et au crédit pour chaque espèce de céréales, afin d'y inscrire les quantités de grains entrés et sortis.

*Ouverture.* — Il est ouvert au débit par la valeur des grains restant en greniers à l'inventaire, par le crédit d'inventaire d'entrée.

*Débit.* — Au débit, figure dans le courant de l'année, la valeur des grains achetés, et fin d'année, celle des grains de la récolte qui sont alors battus.

*Crédit.* — Au crédit, la valeur des grains vendus, semés ou consommés par le personnel de la ferme et par les bestiaux.

Le compte Grains en greniers peut donner perte ou profit sur les grains qui restaient à l'inventaire précédent. Cette différence reconnue est d'abord passée par pertes et profits. Si, comme nous l'expliquerons tout à l'heure, on a différé l'article constatant la récolte, il ne peut y avoir ni bénéfice ni perte sur la récolte de l'année portée sur ce compte, puisqu'il n'en a été chargé qu'au prix de vente. Cependant, les déchets, en quantité et valeur, sur les grains conservés longtemps en greniers, pourront présenter une perte, qui serait passée par le débit des soles de céréales de l'année, ou par pertes et profits comme nous l'avons fait pour les grains provenant des précédentes récoltes.

Fin d'année, on fait un relevé des quantités de chaque espèce de grains vendus et de la somme produite par leur vente. En divisant cette somme par le nombre d'hectolitres, on obtient le prix moyen de la vente. C'est alors qu'on passe les articles au **Journal**, pour constater la valeur de la récolte, comme nous venons de le dire à l'article du compte Grains en gerbes.

*Clôture.* — Ce compte est clos par un crédit de la valeur des grains restant en magasin à l'inventaire, passé au débit du compte inventaire de sortie.

### 5° COMPTE DE FOURNÉES.

Ce compte, dont la base est au *Mémorial*, tableau n° 17 des fournées, tient compte en quantité et prix des grains remis au meûnier, destinés à faire le pain pour la consommation du personnel, ainsi que des farines et des sons pour les bestiaux. C'est pour ainsi dire un compte de fabrication à façon.

*Ouverture.* — Il est ouvert, au débit, par le prix de la farine restant à l'inventaire, qui sera utilisée pour la nourriture de l'année courante.

*Débit.* — Courant de l'année, il est débité du prix des grains donnés à moudre au meûnier.

*Crédit.* — S'il était cédé de la farine à des ouvriers, ce compte serait crédité de sa valeur. Des grains ayant été moulus pour la nourriture des bestiaux, à la fin de l'année, on devra d'abord créditer le compte de fournées du prix coûtant de ces grains, y compris les frais de mouture, par le débit du magasin de son qui tient compte des sons et farineux destinés aux bestiaux.

Un second article créditera le compte de fournées du prix des sons provenant des moutures destinées à faire pain ; on leur donne un prix en rapport avec le prix-courant des sons achetés, en tenant compte de la qualité. Ce crédit sera donné également par le débit du compte de sons.

Le solde du compte présente alors le prix coûtant de la farine.

C'est à ce moment qu'il faut créditer le compte de fournées de la valeur de la farine en poids et en argent, par le débit du compte de ménage. Le poids total de la farine obtenue, déduction faite de celle restant à l'inventaire dernier est connu. Sa valeur se compose du débit du compte de fournées, dont on déduira le crédit pour sons et farineux destinés aux bestiaux : en divisant cette somme par le poids, on obtiendra le prix des 100 kilos de la farine destinée à la cuisson. A l'aide de ce prix et de quelques fournées faites par expérience, on établit le prix coûtant du kilogramme de pain.

*Clôture.* — Ce compte est balancé par le débit du compte inventaire de sortie, pour la valeur de la farine restant à l'inventaire.

### 6° COMPTE DE MAGASIN DE PAILLES.

Ce compte est destiné à constater le mouvement des pailles, dont l'importance est si grande comme matière première des fumiers et comme nourriture complémentaire des bestiaux.

On trace au Grand-livre une large colonne intérieure pour y inscrire les quantités de pailles entrées et sorties.

*Ouverture.* — Il est ouvert, au débit, pour la valeur des pailles restant à l'inventaire, par le crédit du compte d'inventaire d'entrée.

*Débit.* — Après la moisson, ou mieux à la fin de l'année, il est débité de la valeur des pailles récoltées, par le crédit des soles qui les ont produites. (Voir *Mémorial,* tableau n° 8.)

*Crédit.* — Courant de l'année, il est crédité de la valeur des pailles consommées par les bestiaux, par le débit de leurs comptes.

Si l'on avait débité le compte de pailles du produit de la récolte d'après l'évaluation faite alors, comme en fin d'année les états de consommation des pailles par le bétail ont vérifié cette évaluation, s'il y avait une différence, elle serait passée par le compte des céréales.

Mais nous conseillons de ne passer cet article qu'en fin d'année, comme pour les grains, le produit de la récolte en pailles est alors vérifié ; jusque là, les tableaux du *Mémorial* donneront des renseignements suffisants pour apprécier l'approvisionnement.

*Clôture*. — On débite inventaire de sortie par le crédit du compte de pailles, pour la quantité de pailles restant à l'inventaire.

### 7° COMPTE DE MAGASIN DE FOURRAGES.

Ce compte contrôle le mouvement des fourrages *secs* ; il donne à l'entrée le produit des récoltes fourragères et en sortie leur consommation. Le cultivateur ne saurait trop porter son attention sur l'approvisionnement et la consommation de ces produits qui sont la base de la nourriture des bestiaux et de la production des bons fumiers.

Nous recommandons de tracer sur ce compte au Grand-livre, au débit comme au crédit, une première et large colonne intérieure, pour y détailler les espèces de fourrages entrés ou sortis ; puis une deuxième pour y noter le poids ou la quantité de bottes de ces fourrages.

*Ouverture*. — Ce compte est ouvert par inventaire d'entrée et débité de la valeur des fourrages restant à l'inventaire. (Tableau n° 12 du *Mémorial*.)

*Débit*. — Après la récolte des fourrages, ou mieux à la fin de l'année, il est débité du produit de tous les fourrages récoltés, par le crédit de la sole fourragère.

L'évaluation au moment de la rentrée des récoltes, portée au *Mémorial*, suffit pour renseignements dans le cours de l'année ; et l'inscription au Journal à la fin de l'année seulement, donnera un chiffre d'autant plus exact qu'il y aura contrôle par l'état de consommation des bestiaux.

*Clôture.* — Ce compte est clos par le débit d'inventaire de sortie, pour la valeur des fourrages restant en magasin.

### 8° COMPTE DU MAGASIN DE RACINES.

Ce compte donne l'état des produits et de l'emploi des racines.

Des colonnes intérieures tracées au débit et au crédit du compte ouvert au Grand-livre, serviront à émarger le poids ou la mesure de chaque espèce de racines entrées ou sorties.

*Ouverture.* — Ouvert par balance d'entrée, il est débité de la valeur des racines restant en magasin (Voir *Mémorial,* tableau n° 13).

*Débit.* — Fin d'année, il est débité du produit des récoltes par le crédit de la sole qui les a fournies.

*Crédit.* — Il est crédité des racines vendues par le débit de la caisse, de celles consommées par le débit des comptes de bestiaux, ou par le compte de ménage pour les pommes de terre consommées dans le ménage.

*Clôture.* — Ce compte est clos par inventaire de sortie, pour la valeur des racines restant en magasin.

### 9° COMPTE DE SONS ET TOURTEAUX.

Les sons consommés par les bestiaux sont ou achetés ou produits par la mouture des grains destinés à la nourriture du personnel de la ferme; on achète aussi des tourteaux pour l'engraissement du bétail. Ce compte contrôle l'entrée et la sortie de toutes ces matières (Voir *Mémorial,* tableau n° 15).

Pour l'émargement des quantités de sons et autres matières entrées et sorties, on devra tracer au compte du Grand-livre autant de colonnes intérieures qu'il sera nécessaire.

*Ouverture.* — Il est ouvert par inventaire d'entrée, et débité de la valeur des sons et farineux divers, et des tourteaux restant à l'inventaire, par le crédit du compte inventaire d'entrée.

*Débit.* — Courant de l'année, il est débité des sons et autres matières achetées, puis à la fin, des sons produits par les moutures.

*Crédit.* — Il est crédité de la valeur des sons et tourteaux fournis aux bestiaux.

*Clôture.* — Le compte balance par la valeur des sons et autres approvisionnements restant à l'inventaire.

S'il se trouvait, fin d'année, un déficit occasionné par des erreurs d'évaluation ou par des difficultés d'appréciation, cette différence serait passée par le débit des comptes les plus grands consommateurs de ces denrées.

### 10° COMPTE DE MAGASIN DE GRAINES FOURRAGÈRES ET AUTRES.

Ce compte tient note, par entrée et par sortie, de toutes les graines fourragères, oléagineuses, textiles et autres, non comprises au compte de Grains en greniers. Il a de l'importance dans les exploitations produisant beaucoup de graines oléagineuses, qui prêtent plus à la spéculation que les grains. S'il en était conservé par spéculation, d'une année sur l'autre, il pourrait en résulter perte ou bénéfice qu'on passerait par le compte de pertes et profits (Voir *Mémorial*, tableau n° 19).

On devra, comme nous venons de le dire pour le compte précédent, tracer au Grand-livre des colonnes intérieures, pour y classer les différentes espèces de graines entrées et sorties, ainsi qu'y noter leur poids.

*Ouverture.* — Ouvert par balance d'entrée, il est débité de la valeur des graines restant en magasin.

*Débit.* — Courant de l'année, il est débité par caisse des graines achetées, et, après le battage ou la vente, du prix des graines récoltées, par le crédit des soles qui les ont produites.

*Crédit.* — Il est crédité par caisse des graines vendues et par les soles diverses des graines semées.

*Clôture.* — Il est clos par inventaire de sortie, pour la valeur des graines restant à l'inventaire.

## CHAPITRE VI.

### Comptes du Bétail.

#### 1° COMPTE DES ATTELAGES.

Ce compte est très-important, puisqu'il comprend tous les frais occasionnés par les bêtes de trait et l'usure des instruments aratoires et de transport, dont le montant devra être reporté au débit des soles qui ont reçu des cultures. Le cultivateur a le plus grand intérêt à connaître le prix de ses labours, le bon emploi de ses attelages ; cette appréciation lui fait voir si la terre qu'il cultive n'exige pas, dans son état actuel, des frais trop considérables, en raison de sa ténacité et de la difficulté qu'elle présente d'employer les attelages en tous temps. Ces considérations ont une grande importance pour la fixation du prix de fermage qu'il peut consentir (Voir *Mémorial,* tableau n° 19).

*Ouverture.* — Ce compte est débité, par balance d'entrée, de la valeur des animaux restant à l'inventaire.

*Débit.* — Au courant de l'année, il est débité du prix des animaux achetés, des primes d'assurance contre la mortalité et l'incendie, du prix de la nourriture des bêtes de trait, d'après le tableau récapitulatif de la consommation des attelages n° 24; en fin d'année, des salaires et de la nourriture des charretiers et ouvriers accidentellement occupés aux attelages, des mémoires du vétérinaire, de la valeur des réparations, usure et amortissement de la partie du mobilier agricole qui concerne les attelages.

*Crédit.* — Par caisse, il est crédité du prix des animaux vendus, du prix des travaux accidentellement faits pour le compte de tiers, et, en fin d'année, de la valeur du fumier produit par les attelages.

Après avoir déduit du solde la valeur des animaux restant à l'inventaire, le surplus du débit constate le chiffre de la dépense pour tous les travaux des attelages. Dans notre *Mémorial,* page 16, auquel nous renvoyons à cet effet, nous avons suffisamment expliqué le mode de répartition de ces travaux sur les divers comptes qu'ils concernent; ces comptes sont débités par le crédit du compte d'attelages.

*Clôture.* — Il est clos par inventaire de sortie, pour la valeur des animaux restant à l'inventaire.

<h3 style="text-align:center">2° COMPTE DU TROUPEAU.</h3>

Ce compte, qui se solde par pertes et profits, a la plus grande importance pour l'agriculteur qui, pour être guidé dans ses spéculations de bestiaux, a besoin de connaître ceux qui lui donnent le plus grand profit, et finalement lui produisent des engrais au meilleur marché (Voir *Mémorial* tableau n° 19).

*Ouverture.* — C'est par inventaire d'entrée qu'il est débité de la valeur du troupeau à l'inventaire.

*Débit.* — Courant de l'année, il est débité de la valeur des animaux achetés (*Mémorial,* tableau n° 20),du salaire des bergers, des tondeurs, ainsi que de leur nourriture; tous les mois il est débité de la nourriture du troupeau, d'après le tableau récapitulatif du *Mémorial* n° 25; à la fin de l'année, des dépenses pour remèdes et vétérinaire, de la dépréciation du mobilier des bergeries, et enfin du prix des pâturages sur les diverses soles qui ont été livrées au troupeau, par le crédit de ces soles.

*Crédit.* — Le crédit se compose du prix des animaux vendus, laines et peaux, de la viande des bêtes tuées livrée au ménage, et, en fin d'année, de la valeur du fumier produit par le troupeau, ainsi que de celle du parcage.

*Clôture.* — Par inventaire de sortie, il est crédité de la valeur des animaux restant à l'inventaire.

La différence entre le débit et le crédit, constitue la perte ou le bénéfice qui doit être passé par pertes et profits.

### 3° COMPTE DE LA VACHERIE.

Ce compte est destiné à montrer le bénéfice ou la perte sur la tenue des bêtes de la race bovine, qui fournit à nos cultures de si grandes quantités de bon fumier. Les spéculations sur la race bovine sont nombreuses; elles comprennent l'élève, la production du lait et du beurre, l'industrie des fromages et enfin l'engraissement. Que de sujets d'étude sur lesquels la comptabilité bien tenue vient éclairer l'agriculteur! (Voir *Mémorial,* tableau n° 20.)

Au Grand-livre, on peut, par des colonnes intérieures, se rendre compte du poids et du prix du beurre; du nombre et du prix des fromages ainsi que des autres produits. Le modèle ci-joint de ce compte est un exemple de l'utilité des colonnes intérieures pour les divers comptes du Grand-livre.

*Ouverture.* — Il est ouvert par inventaire d'entrée, et débité du prix des animaux restant à l'inventaire.

*Débit.* — Courant de l'année, il est débité du prix des animaux achetés, de celui de leur nourriture récapitulée (*Mémorial,* tableau n° 26), ainsi que de la valeur des pâturages sur prairies naturelles, artificielles ou regains, estimée par ration journalière, demiration, etc. A la fin de l'année, il est débité des gages et de la nourriture du vacher ou autres domestiques chargés du soin des étables, des frais de vétérinaire, d'assurance sur la mortalité et l'incendie, et du prix du sel donné aux animaux, par le crédit du compte de ménage qui le fournit.

*Crédit.* — Au crédit figure le prix du lait, s'il est vendu en nature, du beurre, du fromage, des veaux et vaches vendus, la recette mensuelle pour les saillies du taureau ; en fin d'année, la valeur des menus produits consommés dans la ferme, lait, beurre, fromages, celle du petit lait livré à la porcherie, et enfin la valeur du fumier produit par les étables (Voir *Mémorial,* tableau des produits de la basse-cour, n° 16).

*Clôture.* — L'inventaire des animaux restants étant fait, on ajoute leur valeur au crédit, et la différence entre le débit et le crédit constitue le bénéfice ou la perte passée par pertes et profits, avant la clôture.

#### 4° COMPTE DE LA PORCHERIE.

Ce compte est destiné à déterminer le bénéfice ou la perte sur la porcherie, et facilite l'étude des avantages présentés par les diverses spéculations que permet la tenue de ce bétail, soit l'élève, soit l'engraissement (Voir *Mémorial,* tableau n° 21).

*Ouverture.* — Il est débité, par balance d'entrée, du prix des animaux restant à l'inventaire.

*Débit.* — Courant de l'année, il est débité du prix des porcs achetés, des frais de nourriture (voir tableau récapitulatif n° 27 du *Mémorial*), du salaire du porcher ou autres domestiques chargés de leur entretien, de la nourriture de ce personnel, de la valeur du petit lait, au crédit de la vacherie, de celle du combustible utilisé à cuire leur nourriture, par le crédit du compte de ménage ; il est aussi débité du prix du pâturage, si les porcs sont envoyés aux champs.

*Crédit.* — Il est crédité du prix des porcs vendus ; en fin d'année de la valeur de la viande des porcs tués pour le ménage, et de celle du fumier qu'ils ont produit.

*Clôture.* — Inventaire fait des animaux restants, on en ajoute le prix au crédit, puis la différence entre le débit et le crédit donne le bénéfice ou la perte sur la porcherie, quel'on passe par le compte de pertes et profits, avant la clôture.

### 5° COMPTE DES VOLAILLES.

Ce compte a plus d'importance qu'on ne le pense ; communément on s'exagère le bénéfice qu'il donne ou la perte que le dégât des volailles peut occasionner dans les cultures avoisinant la ferme. On a besoin de s'éclairer sur les dépenses faites pour l'engraissement des volailles dont le beau prix sur les marchés flatte nos fermières : sur les spéculations de troupeaux d'oies et de dindes achetés : présentent-ils un profit proportionné aux frais et à l'embarras qu'ils donnent ? Toutes ces questions doivent être étudiées par la comptabilité.

Nous recommandons aussi d'ouvrir au Grand-livre des colonnes intérieures donnant la quantité et le prix de vente des œufs et des différentes espèces de volailles séparément, afin de pouvoir apprécier les résultats de l'élève de chacune d'elles.

*Ouverture.* — Ce compte est débité par celui d'inventaire d'entrée, du prix des volailles restant à l'inventaire. Nous conseillons d'adopter pour leur évaluation un prix bas et fixe, toujours le même, qui conséquemment n'influera pas sur les bénéfices reconnus annuellement ; on ne peut, en effet, examiner pièce par pièce les volailles d'une basse-cour, et d'ailleurs, au 23 avril, toutes les volailles grasses sont vendues le plus ordinairement.

*Débit.* — Il est débité du prix de la nourriture donnée aux volailles (Voir tableau récapitulatif du *Mémorial,* n° 28), des gages et de la nourriture de la servante qui en prend soin, et du dindonnier chargé de les garder aux champs, du prix du combustible employé à cuire leurs aliments, pommes de terre, etc.

*Crédit.* — Il est crédité du prix de vente des œufs, volailles, plumes et plumeaux (Voir *Mémorial,* produits de la basse-cour, tableau n° 16), et en fin d'année, du prix des œufs et volailles consommés par le ménage, ainsi que de la valeur du fumier produit par les volailles.

*Clôture.* — Par inventaire de sortie, il est crédité de la valeur des volailles restant à l'inventaire ; cette valeur étant ajoutée au crédit, la différence entre le débit et le crédit donne le bénéfice ou la perte sur le compte des volailles, que l'on passe par le compte de pertes et profits, avant la clôture.

---

## CHAPITRE VII.

### Récoltes en terre, productives dans l'année.

#### 1er COMPTE DE LA SOLE DE BLÉ.

Ce compte éclaire sur l'importance des profits donnés par la culture du blé, principal but de la culture, surtout dans les plaines de la Beauce et de la Brie, si rapprochées de Paris, le grand centre de consommation.

L'exagération trop fréquente dans beaucoup de fermes, de l'étendue de cette culture, nécessite qu'elle soit soumise à une comptabilité sévère qui dira par chiffres certains, si une moindre étendue bien labourée, bien fumée, ne donne pas plus de profits qu'une plus grande médiocrement fumée. On verra que les mêmes frais de culture, semence, fermage, incombent à chaque champ, qu'il produise plus ou moins; qu'enfin, le prix de revient du blé est d'autant plus bas, qu'on s'est plus rapproché de la plus forte fumure que peut porter utilement le sol. En agriculture, comme en manufacture, le grand art est de produire à bon marché pour obtenir des bénéfices. D'ailleurs, dans les mauvaises années, les terres bien préparées, bien fumées, souffrent moins des intempéries que les autres.

*Ouverture.* — Ce compte est ouvert par inventaire d'entrée, et comprend toutes les avances faites à cette sole dans l'année précédente, tels que labours et façons, fumiers et autres engrais, semences, main-d'œuvre, loyer d'une année de jachère, si le blé est fait sur francs-guérêts, et d'une demi-année s'il a été fait sur une terre qui a déjà produit une autre récolte dans l'année, et, en outre, les frais généraux dans la même proportion que le fermage. Le compte d'emblavure des blés de l'année précédente comprend toutes ces dépenses et figure à l'actif à l'inventaire.

*Débit.* — Courant de l'année, il est débité des primes d'assurance contre la grêle et contre l'incendie, des frais de fauchage, calvaniers, batteurs, du fermage et des frais généraux de l'année courante; enfin, du prix des travaux des attelages pour la rentrée des récoltes et la livraison des grains; le prix du fermage comprend les impositions, si le bail les met à la charge du fermier.

*Crédit.* — Il est crédité de la valeur de la récolte en grains et paille, soit par évaluation après la récolte, mais mieux à la fin de l'année, quand les battages ont fixé sur le rendement, et que le prix de vente est connu ; il est aussi crédité de la valeur du pâturage sur chaumes, par le débit du bétail qui en a profité ; en fin d'année, il est encore crédité de la valeur du fumier non absorbé restant en terre, dont on débite les soles qui suivront ces récoltes.

*Clôture.* — Ce compte est balancé par pertes et profits.

Nous avons, pour simplifier, divisé les cultures en quatre soles, sole de blé, sole de Mars, sole fourragère, et sole jachère comprenant les racines et plantes oléagineuses. On pourrait ouvrir autant de comptes qu'il y a d'espèces de cultures : la sole de blé pourrait être divisée en compte du froment, du méteil, du seigle ; celle de Mars en compte d'avoine, d'orge, maïs, sarrasin, etc. ; la sole fourragère en prairies naturelles, prairies artificielles, prairies annuelles ; enfin la sole jachère en jachère nue, racines diverses, carottes, navets, pommes de terre, topinambours, plantes oléagineuses, navette, colza, etc.

Nous n'osons présenter aux cultivateurs un aussi grand nombre de comptes qui multiplieraient trop les écritures, d'autant mieux qu'il est facile de faire isolément ces divers comptes à l'aide des documents puisés dans le *Mémorial* et dans le compte général de chaque sole, par exemple dans les tableaux du *Mémorial,* engrais, récoltes céréales, fourrages et racines, récoltes diverses et battages.

Tout en n'ouvrant qu'un seul compte à chaque sole, on pourrait subdiviser les dépenses et les recettes par des colonnes intérieures au Grand-livre, pour chaque espèce de céréale ; elles serviraient à rendre un compte séparé du bénéfice de chacune de ces cultures. Il en serait de même pour tous les comptes ouverts au Grand-livre auxquels on désirerait faire des subdivisions.

## 2° COMPTE DE LA SOLE DE MARS.

Le compte de la sole de Mars comprend les récoltes de céréales de printemps, avoine, orge, blé de mars; on y peut joindre le sarrasin, le maïs dans le midi. Son résultat fait connaître le bénéfice sur ces cultures.

*Ouverture.* — Ce compte est ouvert par balance d'entrée, et reçoit à son débit le montant des avances de culture faites en préparation de la sole de mars dans l'exercice précédent, dont l'importance a été consignée à l'inventaire.

*Débit.* — Courant de l'année, il est débité de la valeur des semences, pour les ensemencements qui resteraient à faire après le 23 avril, de la dépense pour l'assurance contre la grêle et l'incendie, du prix de fauchage, calvaniers, mise en meule, battage, et de tous autres frais de main-d'œuvre et de travaux des attelages tant pour la rentrée que pour la livraison des grains; enfin des fermages et frais généraux. Il est aussi débité par le compte de ménage du prix des journées de nourriture des ouvriers.

*Crédit* — Il est crédité, par le compte de grains en gerbes, de la valeur de la récolte en grains, par celui de pailles pour la valeur des pailles. Il est bien de ne passer cet article que fin d'année, après les battages, en portant l'évaluation seulement au *Mémorial*, comme renseignement et base de l'assurance. En fin d'année, il est crédité de la valeur du pâturage, par le débit des bestiaux qui l'ont utilisé.

*Clôture.* — Ce compte est balancé par pertes et profits.

## 3° COMPTE DE LA SOLE FOURRAGÈRE.

Le compte de la sole fourragère comprend : 1° les prairies naturelles ; 2° les prairies artificielles ou pérennes ; 3° les prairies annuelles. Il pourrait être divisé sous ces trois titres quoique, pour simplifier, nous ayons groupé sous ce nom toutes les cultures donnant des fourrages secs et verts pour la nourriture des bestiaux.

La bonté d'une exploitation est jugée par l'abondance de ses fourrages, puisque avec beaucoup de fourrages, on nourrit beaucoup de bestiaux, on fait beaucoup de fumier, et enfin beaucoup de blé.

Le groupement de toutes les cultures fourragères rapportées à ce compte, lui donne un grand intérêt pour le cultivateur.

*Ouverture.* — Ce compte est ouvert par balance d'entrée et comprend au débit les frais de semence, labours et façons, fumiers et toutes dépenses faites pour l'établissement de nouvelles prairies, ces frais ont été constatés à l'inventaire, dans le compte des avances à la sole fourragère de l'année suivante.

*Débit.* — Courant de l'année, il est débité des mêmes frais faits pour l'établissement de prairies annuelles, vesces, pois et autres, du salaire et de la nourriture des faucheurs, journaliers, pour la fenaison et la rentrée des foins, leur mise en meules, et des frais de rentrée des récoltes ainsi que de ceux de bottelage ; enfin, du fermage et des frais généraux incombant à cette sole.

*Crédit.* — Après la fenaison, ou mieux à la fin de l'année, le compte de la sole fourragère sera crédité de la valeur des fourrages récoltés, notés déjà par évaluation aux tableaux nᵒˢ 8 et 12 du *Mémorial.* Fin d'année également, cette sole est créditée du prix des engrais mis en couverture sur des prairies défrichées pour blé ; elle sera également créditée, au fur et à mesure du battage, de la valeur des graines en provenant par le débit du magasin de graines.

*Clôture.* — Ce compte est balancé par pertes et profits.

Si pour la création d'une luzernière il avait été fait des frais spéciaux de culture et de fumure extraordinaires, les frais et la valeur de l'engrais pourraient être répartis sur plusieurs années; dans ce cas il y aurait lieu de reporter avant la clôture, au débit de la sole fourragère de l'année suivante, la partie de ces frais qui devrait être répartie sur l'année ou les années suivantes ; les luzernes faites sur franc-guéret présentent cette circonstance.

C'est le lieu de parler des comptables qui voudraient estimer les fourrages livrés aux bestiaux au prix de revient, et les fumiers donnés aux terres également au prix de revient. Evidemment, en divisant la dépense du compte de la sole fourragère par la quantité de fourrages récoltée, on obtiendra un prix variable chaque année, suivant que le temps aura été plus propice à la croissance des fourrages. Nous savons aussi qu'en produisant des fourrages à bon marché, nous aurons de plus grands bénéfices sur les bestiaux ou autrement du fumier au meilleur marché. Cependant, il nous a semblé préférable d'adopter un prix moyen pour les fourrages et de balancer ce compte par pertes et profits ; nous y trouvons l'avantage de comparer les récoltes obtenues chaque année, les unes avec les autres ; puis, soumettant nos bestiaux à une nourriture basée sur un prix régulier des fourrages et racines, il nous sera plus facile de tirer les conséquences de l'avantage qu'il y a de tenir telle ou telle espèce, telle ou telle race de bestiaux. Comme en définitive la balance du compte de pertes et profits donne le résultat de l'ensemble des cultures, on échappe au reproche adressé à notre méthode, puisqu'on présente en un seul compte (peu importe qu'il s'appelle pertes et profits), le résultat en bénéfice ou en perte des cultures de l'année. La méthode que nous conseillons ne laisse-t-elle pas la facilité d'établir les prix de revient des fourrages, par le compte de la sole fourragère, et celui des fumiers, par la balance en perte et profit du compte des bestiaux, qui indique leur prix de revient?

#### 4° SOLE DE JACHÈRE, RACINES ET PLANTES OLÉAGINEUSES.

Ce compte comprend le chiffre des avances au sol pour les cultures subséquentes de blé ; elles ont une grande importance dans les pays où l'on a l'habitude de faire une plus ou moins grande partie des blés sur francs-guérèts. Cependant, les cultures de racines et de plantes oléagineuses, qui préparent bien les terres pour cette même culture, doivent être étudiées au point de vue du bénéfice qu'elles présentent, par l'utilisation de la jachère.

*Ouverture*. — Ce compte est ouvert par balance d'entrée ; il est débité des avances de culture et fumures faites dans l'année précédente, ainsi que des ensemencements de racines et plantes oléagineuses postérieurement exécutés.

Si l'on cultivait en grand le colza ou d'autres plantes à huile et textiles, les betteraves pour sucrerie, les pommes de terre pour féculerie, nous conseillerions d'ouvrir des comptes spéciaux à ces cultures industrielles. Pour simplifier notre exemple, nous n'avons admis les racines que comme complément de la nourriture des bestiaux.

*Débit*. — Courant de l'année, il est débité des frais de main-d'œuvre, et de ceux des attelages, concernant le sarclage et la récolte des racines et des graines oléagineuses ; fin d'année, du prix des fumiers portés sur la jachère, des travaux de sa culture par les attelages, du fermage et des frais généraux à la charge de cette sole.

*Crédit*. — A son crédit figurent les récoltes de graines oléagineuses, après battage, celles des diverses racines, notées au *Mémorial* tableaux n° 9 et 13, et la valeur des pailles de colza ou autres fanes. Fin d'année, il est crédité du prix des labours et autres façons exécutés pour la préparation d'autres récoltes, des fumiers portés sur la jachère, de la quotité de ceux non absorbés par le colza et les racines ; ces articles sont passés par le débit du compte avances à la sole de blé ou de toute autre sole qui doit en profiter.

*Clôture.* — Il est clos par le compte de pertes et profits, et dans notre exemple il ne présente ces résultats que pour les racines et les plantes oléagineuses, toutes les autres dépenses ayant été reportées comme avances de culture.

---

## CHAPITRE VIII.

### Emblavures, avances aux cultures pour l'année suivante.

#### 1ᵉ AVANCES A LA SOLE DE BLÉ 186 .

Quelle que soit l'époque de l'entrée en ferme ou de l'inventaire annuel, le cultivateur aura toujours des avances faites au sol pour les récoltes en préparation de l'année suivante. Un seul compte collectif pourrait être chargé de ces avances ; nous préférons ouvrir quatre comptes correspondants aux quatre soles de l'année.

L'inventaire étant fait au 23 avril, la nouvelle sole de blé a été emblavée à l'automne, les mars peuvent être terminés ; dans la sole de jachère, des betteraves et carrottes ont pu déjà être semées, ainsi que des graines fourragères. Ces quatre comptes d'avances aux soles de l'année suivante sont assez chargés pour qu'il nous paraisse convenable de leur ouvrir un compte séparément. Ces comptes, arrêtés à l'inventaire et qui figurent à l'actif, sont reportés par balance d'entrée et forment les comptes des soles de l'année qui s'ouvre, puisque ces récoltes viendront cette même année.

*Débit.* — Ce compte est débité de toutes les avances en labours, fumiers, semence et main-d'œuvre, fermage et frais généraux à mettre à la charge du blé de l'année suivante.

*Crédit et clôture.* — Il est, en fin d'année, crédité du total de ces avances, par le débit de balance de sortie : il ne peut en effet donner lieu à perte ou bénéfice, puisqu'il ne se compose que d'avances faites au blé dont les résultats appartiendront à l'année suivante.

### 2° AVANCES A LA SOLE DE MARS 186 .

Ce que nous venons de dire s'applique à cette sole, dont les avances sont consignées de même à son débit. Ce compte est balancé également par inventaire de sortie à la fin de l'année.

### 3° AVANCES A LA SOLE DE FOURRAGÈRE 186 .

*Débit.* — Ce compte a été débité, dans le courant de l'année, de toutes les avances faites à la sole fourragère de l'année suivante, telles que fumures, plâtrage au printemps, travaux d'hiver dans les prairies naturelles, engrais et amendements qui lui ont été fournis, hersage des prairies artificielles, frais de labour et ensemencement des hivernages, seigle et autres pâtures destinés aux bestiaux.

*Crédit.* — L'inventaire étant fait le 23 avril, il peut y avoir lieu de créditer ce compte des pâturages consommés par les bestiaux à l'extrême printemps.

*Clôture.* — Ce compte est balancé par inventaire de sortie, pour la valeur de toutes les avances à la sole fourragère de l'année suivante, après avoir déduit des dépenses faites, la valeur du pâturage déjà consommé. Il ne peut donner lieu qu'à un report, sans perte ni profit.

### 4° AVANCES A LA SOLE JACHÈRE 186 .

*Débit.* — Avant le 23 avril, jour de l'inventaire, des labours ont

été faits, des fumiers conduits, des racines, des plantes oléagineuses ont été semées et cultivées; toutes ces avances figureront
au débit.

*Clôture.* — Ce compte est balancé par inventaire de sortie, comme
avances à la sole de jachère de l'année suivante.

## CHAPITRE IX.

### Comptes de Frais.

#### 1° COMPTE DE MÉNAGE.

Ce compte tient note de toutes les dépenses concernant le ménage
rural : il présente un grand intérêt, puisqu'il doit fixer le prix de la
journée de nourriture pour une personne, et que, sur cette donnée,
on doit répartir à la charge des divers comptes, la valeur des journées de nourriture des ouvriers qui en ont exécuté les travaux.
Il est, en outre, débité courant de l'année de toutes les dépenses
personnelles du fermier, qui, en fin d'année, doivent être dé-
falquées des dépenses du ménage et passées par pertes et profits,
comme dépenses particulières dites personnelles qui ne doivent grever qu'indirectement l'exploitation. Ainsi, nous appellerons dépenses
personnelles tout achat et façons d'habillements, achat de meubles
et de lingerie pour la famille, frais d'éducation des enfants et toute
autre dépense de luxe. Ces dépenses, en effet, sont plus ou moins
fortes, suivant les moyens de l'exploitant, et ne doivent pas être
mises directement à la charge de l'exploitation. Cette division, sans
rien changer au résultat final en perte ou bénéfice, appelle l'attention sur cette nature de dépenses qu'il convient de proportionner à
la fortune du cultivateur.

*Ouverture.* — Ce compte est débité de la valeur de toutes les provisions, viande, vin, bois, etc., restant à l'inventaire, par le crédit d'inventaire d'entrée.

*Débit.* — Au courant de l'année, il est débité par la caisse de tous les achats faits pour la consommation du ménage, ainsi que de toutes les dépenses en main-d'œuvre ou autres, faites pour le jardin dont les produits sont consommés par le ménage.

Fin d'année, il est débité des engrais employés au jardin, du prix de la viande de porcs et autres bestiaux tués pour l'usage de la ferme, de la valeur des pommes de terre et autres légumes de grande culture qui ont été fournis au ménage, enfin de celle du beurre, du lait, des fromages, œufs et volailles consommés.

Il est en outre débité, par le compte de fournées, du prix des farines employées à la confection du pain, et du salaire des domestiques spécialement utilisées au ménage. Dans les cultures moyennes, où la maîtresse se charge en partie des soins du ménage, avec une ou deux servantes suffisant aux soins des bestiaux, il peut n'y avoir lieu de compter, à la charge du compte de ménage, que le salaire d'une ou de la moitié d'une année de ces servantes.

*Crédit.* — Ce compte est crédité de la valeur des objets qui auraient été cédés à des tiers, de celle du combustible employé à la cuisson des aliments pour les bestiaux, ainsi que du sel qui leur a été fourni. Les crédits qui doivent précéder la clôture étant passés, on fait l'inventaire des provisions non consommées restantes ; elles doivent figurer à l'actif par balance de sortie, pour reparaître en tête du compte de ménage de l'année suivante qui les consommera. C'est alors que la différence entre le débit et le crédit constitue le chiffre de la dépense totale ; sur ce total il faut encore créditer le compte de ménage, par le débit de pertes et profits, du montant des dépenses personnelles, comme nous l'avons dit plus haut.

*Clôture.* — Le reliquat est la dépense de nourriture et entretien, qui doit être portée à la charge des divers comptes de l'exploitation (Voir, page 17 du *Mémorial,* nos explications sur le réglement du compte de ménage.)

D'autre part, on a fait un tableau du nombre de journées de nourriture fournie dans l'année à tous les journaliers, tâcherons et domestiques nourris, on y joindra le nombre de journées de nourriture des membres de la famille du fermier (Voir le modèle de ce tableau, au *Mémorial,* page 99) ; ce tableau indique le nombre de journées de nourriture à répartir entre chacun des comptes qui en ont profité. On divise la dépense de ménage par le nombre de journées de nourriture fournie, pour connaître le prix moyen d'une journée de nourriture, sans distinction de sexe.

Rien de plus facile alors que de charger chaque compte des journées de nourriture qui le concerne, dans un article au Journal ainsi conçu :

*Divers à Ménage,* nourriture du personnel à la charge des comptes suivants, *tels, tels comptes,* tant de journées de nourriture à tant.... total.....

Tous les comptes débités ont absorbé la plus grande partie de la dépense de ménage, mais il reste la nourriture du fermier et de sa famille qui ne peut s'appliquer à aucun compte particulier ; nous en débiterons le compte de frais généraux qui, comme nous le verrons, doivent être répartis sur les diverses cultures à tant l'hectare.

Le total de tous ces crédits pour nourriture doit être égal à la dépense de ménage arrêtée comme nous l'avons dit.

*Balance.* — Ce compte balance par inventaire de sortie, pour la valeur des provisions restant à consommer.

Si le propriétaire faisant valoir tient une maison montée proportionnellement à sa fortune, il devra ouvrir un compte à part de ses dépenses de maison, chevaux, voitures de luxe et autres dépenses qui ne doivent pas grever l'exploitation.

Le bonne tenue du compte de ménage fournit des renseignements utiles et instructifs. Ainsi l'on peut procéder alors à la classification des dépenses de ménage, en un tableau fait sur une des pages blanches du *Mémorial* ; ces dépenses sont classées dans des colonnes sous les titres de :

1° Farine, poids et prix ;

2° Viande, poids et prix ;

3° Vins et autres boissons ;

4° Vaisselle et ustensiles de ménage détruits et remplacés ;

5° Frais du jardin ;

6° Combustible et éclairage ;

7° Lessives et ouvrières ;

8° Lait, beurre, œufs, volailles ;

9° Gages des servantes employées au ménage ;

10° Diverses dépenses non classées.

Le total de ces dépenses ainsi relevées doit être égal à la différence entre le débit et le crédit du compte de ménage, tel qu'il a été arrêté avant la clôture.

Cette classification faite, on se rendra compte des diverses dépenses qui composent la journée de nourriture.

La quantité de farine consommée est connue ; par l'expérience sur quelques fournées de pain faites avec un poids égal de farine, on trouvera le rendement en pain de toute la farine employée, et conséquemment la ration journalière en pain par tête, et son prix de revient au kilogramme.

On agit de même pour la viande consommée, dont on a le poids total et le prix moyen. La dépense en vins et boissons s'obtient de la même manière. Quant au surplus des dépenses de ménage groupées, elles forment un quatrième élément du prix de la journée de nourriture.

La journée moyenne de nourriture coûte donc.

1° Pain, poids et prix.......
2° Viande, poids et prix.....
3° Vin, prix..............
4° Autres dépenses........

Total......

La connaissance de ces faits permet de juger les conditions du travail avec ou sans nourriture. Cependant, il faut souvent compter sur un prix plus élevé pour la nourriture des journaliers dont le travail n'est qu'accidentel, et qui mieux nourris que chez eux, coûteront plus que la moyenne reconnue pour les domestiques nourris à l'année. Il faut aussi tenir compte des saisons où il est fourni du vin aux ouvriers, et surtout considérer que notre prix moyen comprend la nourriture d'hommes et de femmes, et que la nourriture d'un homme coûte au moins un cinquième en sus de celle d'une femme. En tout cas ces calculs établiront le prix coûtant de la nourriture d'une personne comparativement d'une année à l'autre.

2° FRAIS GÉNÉRAUX.

Le compte de frais généraux sert à grouper les divers frais qui ne peuvent s'appliquer directement aux différents comptes ouverts et dont l'importance ne peut être répartie clairement et utilement qu'à la fin de l'année.

*Débit.* — Ce compte est débité : 1° des paiements pour fermage, impositions, prestations et menues faisances, formant ensemble le prix total du fermage, à répartir sur les comptes de culture et même sur d'autres industries, si elles ont une certaine importance ; 2° des dépenses pour assurances contre la grêle et l'incendie, à répartir sur les comptes auxquels se rapportent les valeurs assurées ; 3° de celles pour amortissement des améliorations foncières ; 4° des dépenses de bureau, frais de voyages qui ne sont pas directement portés à des comptes spéciaux, celles pour œuvres de charité en pain ou en argent, et tout ce qu'on appelle menues dépenses et argent de poche, et enfin du prix de la nourriture du fermier, sa femme et ses enfants.

Fin d'année, on le crédite du prix du fermage, accessoires compris, par le débit des soles, et à raison de tant l'hectare ; du montant des primes d'assurances, par le débit de ménage pour l'assurance du mobilier et par celui des diverses soles pour l'assurance des récoltes. Ces divers crédits étant donnés séparément, le surplus des frais généraux est totalisé et réparti sur toutes les soles à raison de tant par hectare.

Ce compte est ainsi soldé sans reliquat à l'inventaire.

3° COMPTE DE MAIN-D'ŒUVRE.

Il est difficile de porter directement et au fur et à mesure des paiements, les dépenses de main-d'œuvre afférentes à chacun des comptes qui les ont occasionnées ; un ouvrier soldé pour sa semaine et souvent pour un temps plus long, a travaillé au profit de bien des comptes. Généralement on tient des cahiers spéciaux pour la constatation des travaux de la main-d'œuvre des journaliers et domestiques. Notre *Mémorial,* pages 101 et suivantes, expose la méthode perfectionnée, utilisée par M. Ménard, pour la constatation journalière des travaux de main-d'œuvre, des attelages et de la nourriture du personnel ; nous indiquons en outre , pages 18 et 82 du *Mémorial,* un moyen plus simple, mais d'une exactitude moins rigoureuse.

Quelle que soit la méthode de constatation adoptée, le compte de main-d'œuvre est débité de toutes les dépenses faites pour le paiement des journaliers et domestiques (dits vaque à tout), qu'ils soient ou non nourris. Au contraire, on portera directement aux comptes des divers bestiaux les gages des charretiers, ceux du vacher, si l'exploitation tient cet agent, des bergers, porchers et dindonniers, si l'importance de ces spéculations nécessite des ouvriers spéciaux. Cependant, si quelques-uns de ces ouvriers étaient employés à plusieurs travaux, on comprendrait leur salaire au compte de main-d'œuvre.

Dans notre exemple, nous ne présentons pas de registres auxiliaires comme ceux de M. Ménard, pour la constatation du travail de main-d'œuvre. Nous recommandons seulement de noter à la caisse, lors du paiement des ouvriers, les principaux travaux auxquels ils ont été employés; puis sur une feuille à la fin du Journal, ou sur un cahier de papier quadrillé, on tracera un tableau de répartition de la main-d'œuvre ; des colonnes intitulées chacune du nom du compte pour lequel les journées de main-d'œuvre auront été exécutées y seront tracées. L'inspection de ce tableau montre que la 1ʳᵉ colonne porte le folio du livre de caisse d'où l'article est relevé, la 2ᵉ le nombre de journées faites et si l'ouvrier a été nourri (ce qui est indiqué par un N), la 3ᵉ détaille les travaux, la 4ᵉ porte la somme payée, relevée également de la caisse ; dans les colonnes suivantes, le prix des travaux exécutés est classé par chaque compte auquel il doit s'appliquer.

*Débit.* — En passant l'article de dépense de la caisse tous les quinze jours au Journal, on débite le compte de main-d'œuvre en bloc de cette dépense pour la quinzaine. Le tableau de récapitulation de la main-d'œuvre étant lui-même relevé de la caisse, devra présenter le même nombre de journées et la même somme payée dont le compte de main-d'œuvre aura été débité.

*Crédit.* — Fin d'année, le tableau ci-dessus étant arrêté d'accord avec le débit du compte de main-d'œuvre, présentera la répartition du prix de ces travaux sur chacun des comptes qui doivent en être chargés, et pour solder ce compte on passera l'article suivant :

*Divers à Main-d'œuvre,* journées payées aux journaliers, *tels comptes, tels comptes..............................................*

Ce compte est donc soldé chaque année.

<hr>

## CHAPITRE X.

### 1° COMPTE DE CAISSE.

Ce compte est ouvert par balance d'entrée et débité de la somme restant en caisse à l'inventaire. Si l'on n'a pas ouvert de compte spécial aux billets à recevoir, ils sont compris à la caisse comme argent et lorsqu'on en touche le montant, il n'y a pas de recette à inscrire, mais une simple note indiquant qu'on a encaissé tel billet, sans émarger le montant dans la colonne du chiffre des recettes.

*Débit.* — Comme nous l'avons expliqué, en parlant du Journal un article y constate la recette pour la quinzaine.

*Crédit.* — Un second article au Journal passe les écritures des dépenses de la même quinzaine.

*Clôture.* — Le compte inventaire de sortie est débité de la somme restant en caisse, par le crédit du compte de caisse, qui est ainsi balancé (Voir *Mémorial,* tableau n° 29).

### 2° COMPTES DE DÉBITEURS ET CRÉDITEURS PERSONNELS.

Des comptes personnels sont ouverts aux débiteurs et créditeurs avec lesquels on doit rester assez régulièrement en compte courant, tels que le propriétaire de l'exploitation, un banquier, un bailleur de fonds, des vendeurs et des acheteurs.

Il en est également ouvert aux domestiques à gages souvent payés par à-compte ; ils restent débiteurs jusqu'au moment du réglement de leur terme, et alors on débite le compte spécial pour lequel ils ont travaillé par le crédit du compte de ces ouvriers, qui se trouve balancé. Ainsi, le compte d'attelages est débité du réglement des termes dus aux charretiers, celui de troupeau des termes des bergers ; il en est de même pour le vacher, le porcher ; dans les fermes où la vacherie est soignée par des servantes qui sont aussi chargées du soin des porcs et des volailles, ainsi que d'aider au ménage, on débite le compte de ménage de leur salaire, sauf à répartir en fin d'année la dépense en argent et en nourriture de ces servantes, entre les divers comptes pour lesquels elles ont travaillé, et proportionnellement au temps que chaque travail a pu employer.

Relativement au compte du propriétaire de la ferme, si le bail donne crédit pour les premiers termes du fermage, comme malgré l'ajournement du paiement chaque sole doit être chargée du loyer représentatif de la récolte, on n'en doit pas moins débiter le compte de frais généraux qui comprend le fermage, des termes correspondant aux récoltes de l'année, par le crédit du compte du propriétaire, qui restera créditeur jusqu'au paiement qui sera fait aux époques convenues.

En opérant ainsi, la récolte annuelle de chaque sole est chargée en dépense du chiffre représentant le fermage, et le compte du propriétaire en est crédité.

Quant aux comptes accidentels qui doivent bientôt être soldés par appoint, on peut se dispenser de les porter dans le courant de l'année au Journal; comme simple note, ces comptes sont établis sur les tableaux placés à la fin du Livre de Caisse, par débit et crédit, dont finalement les écritures se trouvent passées à la Caisse par des articles de recette ou de dépense, qui viennent à leur temps au Journal.

Au nombre des comptes provisoires à porter à la fin du Livre de Caisse, nous citerons les comptes du boucher et autres fournisseurs qui, peu de temps après, seront réglés par la Caisse.

Lors de l'inventaire, ces comptes provisoires non liquidés doivent être rapportés au Journal, pour figurer dans la balance de sortie soit à l'actif, soit au passif.

### 3° COMPTE D'AMÉLIORATIONS FONCIÈRES.

Le fermier est presque toujours obligé d'exécuter pour son compte des améliorations foncières, tels que défrichements, marnage, drainage, irrigations, transports de terre, grands transports de matériaux pour bâtir, etc. Si ces dépenses ont une certaine importance, on conçoit qu'elles ne peuvent être mises à la charge de l'année courante, car c'est en vue d'avantages ultérieurs qui se prolongeront de longues années, que ces travaux ont été exécutés.

*Débit.* — Le chiffre de ces dépenses doit être porté au débit du compte d'améliorations foncières, pour être amorti en plusieurs années, soit par exemple en 10 ans, si l'on jouit d'un bail de 15 à 18 ans. Ce serait un tort de les répartir sur toutes les années du bail, car il faut se hâter de faire disparaître cette valeur active de l'inventaire, d'autant plus que des dépenses du même genre peuvent être jugées utiles pendant la dernière moitié de la durée du bail.

*Crédit.* — Ce compte est crédité annuellement d'une somme proportionnelle au temps fixé pour l'amortissement, par le débit du compte de frais généraux.

*Clôture.* — Il est clos par le débit du compte inventaire de sortie, pour la somme restant à amortir dans les années suivantes, somme qui figurera à l'actif à l'inventaire.

Si l'exploitant est propriétaire du sol, quelques-unes de ces dépenses d'améliorations foncières peuvent être considérées comme augmentation de la valeur de la propriété, et conséquemment être portées au débit du compte d'immeuble ; dans ce cas, le chiffre du loyer augmenterait proportionnellement.

Mais il faut se défier de ce moyen de passer écritures de dépenses importantes ; l'illusion qu'on se ferait dans beaucoup de cas sera souvent détruite, lorsqu'il s'agira de louer ou de réaliser l'immeuble, si l'utilité de ces dépenses n'est pas appréciée par le fermier ou l'acheteur.

Certaines améliorations foncières doivent évidemment être mises à la charge de la propriété, quand leur effet utile et impérissable aura été constaté par l'expérience ; mais la prudence veut que, pour beaucoup d'entre elles, on adopte le mode d'amortissement en un certain nombre d'années, comme nous l'avons dit pour le fermier. Finalement, il vaut mieux se trouver en bénéfice sur la propriété améliorée, lors de la réalisation, que de s'être longtemps illusionné sur sa valeur ; cette illusion entrave la réalisation et peut conduire à une perte plus importante.

4° ENGRAIS, PAILLES ET FOURRAGES A RENDRE EN FIN DE BAIL.

En prenant possession d'une ferme, soit comme propriétaire exploitant, soit comme fermier, on reçoit en vertu du bail existant des valeurs qu'il faudra confier à un fermier ou rendre à la sortie. Nous citerons entr'autres des fumiers restant à employer, des pailles et fourrages ; d'autres valeurs peuvent s'y joindre ; c'est une sorte de cheptel attaché à l'immeuble. Ces produits viendront se confondre avec ceux similaires créés par le nouvel exploitant, et s'il n'en était pas tenu un compte créditeur, le bénéfice de la première année serait exagéré et celui de la dernière diminué de la valeur des objets reçus en entrant.

Nous ouvrirons donc un compte aux engrais, pailles et fourrages reçus à l'entrée en ferme, qui recevra à son crédit leur valeur, par le débit de chacun des comptes qui leur seront ouverts. Cette écriture n'augmente ni ne diminue le capital, puisqu'elle produit une valeur active et une autre passive de même somme.

Jusqu'à la fin du bail le compte reste créditeur, sans variation de chiffre ; il est clos par inventaire de sortie et rouvert, pour l'année suivante, par inventaire d'entrée.

---

## CHAPITRE XI.

### Résumé des Comptes.

#### 1er COMPTE DE PERTES ET PROFITS.

Parmi les divers comptes dont nous venons de parler, beaucoup ne sont que des comptes d'ordre ou de magasin qui constatent l'entrée et la sortie des matières et de l'argent ; d'autres tiennent note des frais à répartir en fin d'année sur les divers comptes auxquels ils se rapportent.

Cette première catégorie de comptes d'ordre et de renseignements ne présente ordinairement ni perte ni bénéfice, et la valeur qui reste à leur débit et à leur crédit, comme pour les comptes personnels, est reportée à l'actif ou au passif à l'inventaire.

Les comptes des cultures, ceux des bestiaux ont été établis particulièrement pour faire connaître leurs résultats en perte ou en bénéfice, et doivent être clos par le compte de *Pertes et Profits*.

Le débit de ce compte représente les *pertes* sur les comptes sus-indiqués, ou les dépenses qui atténueront les bénéfices, et son crédit représente le *profit* fait sur d'autres comptes.

En effet, si le compte de la vacherie présente, lorsque toutes les écritures de l'année sont passées, une somme plus forte au débit représentant les dépenses, qu'au crédit qui représente les recettes, évidemment il y a perte, et ce compte ne peut être clos que par un article ainsi conçu : *Pertes et Profits à Vacherie*.

Perte pendant l'année 186 . . . . . . . . . . . . . . . . . . . . . . .

Le report au Grand-livre débite le compte de pertes et profits, c'est-à-dire constate la perte, et le crédit reporté au compte de la Vacherie au Grand-livre, balance ce compte et le clôt.

*Débit*. — Courant de l'année, ce compte reçoit à son débit les intérêts payés pour sommes dues, les pertes accidentelles ou extraordinaires qui ne se rapportent à aucun autre compte. A la fin de l'année, il est encore débité des dépenses personnelles de l'exploitant, comme nous l'avons dit au compte de Ménage, et enfin des pertes que présenteraient les comptes de cultures ou de bestiaux.

*Crédit*. — Courant de l'année, on porte au crédit les sommes reçues pour intérêts qui seraient dus ; c'est effectivement un bénéfice.

En comparant les intérêts reçus au crédit et ceux payés au débit, on connaît la balance en perte ou profit sur les capitaux qui portent intérêt. Si les intérêts reçus proviennent d'un excédant sur le capital nécessaire à l'exploitation, on doit les considérer comme un revenu en dehors de la culture et passer cette différence de recette au compte de capital, comme bénéfice étranger au résultat de l'exploitation. Le compte de pertes et profits étant ainsi déchargé du revenu de l'excédant de capital, représentera uniquement le bénéfice ou la perte donnée par l'exploitation.

Les comptes ayant donné des bénéfices seront soldés par celui de profits et pertes, par un article ainsi conçu : Par exemple, toutes les écritures du compte de la sole de blé étant passées, le crédit dépasse le débit; donc il y a profit, et j'écris pour clore ce compte, au Journal :

*Sole de blé* 186   *à Pertes et Profits,*

Bénéfice sur la sole de blé 186   .

En rapportant l'article au Grand-livre, je constate au crédit de pertes et profits un bénéfice, et par le débit donné au compte Sole de blé, je balance ce compte.

*Clôture du compte de Pertes et Profits.* — Tous les comptes susceptibles de donner un bénéfice ou une perte étant soldés *par pertes et profits*, la balance entre le débit et le crédit de *ce compte* donne le bénéfice ou la perte sur l'année culturale ; alors il est lui-même soldé par le compte de capital.

L'article au Journal est ainsi formulé, s'il y a bénéfice :

*Pertes et Profits à Capital,*

Bénéfice net de l'année culturale 186 . . . . . . .

S'il y a perte :

*Capital à Pertes et Profits,*

Perte pendant l'année culturale 186 . . . . . . . . .

Le capital d'exploitation est augmenté ou diminué, et le compte Pertes et Profits de l'année est clos.

Le chiffre du capital d'exploitation nécessaire étant connu, on voit le tant pour cent qu'il a produit; pour faire ce calcul, on devra ajouter au bénéfice net la dépense personnelle du cultivateur, qui peut varier suivant sa fortune, comme nous l'avons expliqué ailleurs. Sur ce tant pour cent de bénéfice sur le capital, retranchez-en 5 p. 0/0 qui vous sont dus pour l'intérêt de vos fonds, et vous saurez combien pour cent vous a rapporté le bénéfice de votre industrie.

Certains auteurs conseillent de porter en frais à chacun des comptes de cultures et de bestiaux, l'intérêt 5 p. 0/0 du capital qu'ils emploient, pensant ainsi présenter plus exactement le bénéfice net de chacun de ces comptes : mais considérant qu'en agriculture toutes les opérations s'enchaînent et ne peuvent souvent marcher les unes sans les autres, nous préférons la méthode de répartition que nous venons d'indiquer. Ne suffit-il pas qu'un agriculteur sache que, si avec un capital de 40,000 francs, il a réalisé un bénéfice de 6,000 francs, soit 15 p. 0/0 ; 5 p. 0/0 ou 2,000 francs représentent l'intérêt de son capital, et 10 p. 0/0 ou 4,000 francs sont le bénéfice industriel qu'il s'est créé par son travail.

2° COMPTE DE CAPITAL D'EXPLOITATION.

Ce compte sert à déterminer la fortune du cultivateur, ou le capital d'exploitation qu'il utilise dans son faire-valoir.

Il représente le cultivateur, et lui doit compte de son capital dont il est crédité.

*Ouverture*. — Aussi est-il ouvert par le débit d'inventaire d'entrée et crédité du capital reconnu par l'inventaire.

A moins de cas extraordinaires, ce compte reste le même jusqu'à l'inventaire suivant, époque à laquelle il sera augmenté par le bénéfice ou diminué par la perte, comme nous venons de l'expliquer. Cependant, s'il survient un héritage, une dot en cas de mariage, les valeurs reçues sont portées au débit des comptes qui les reçoivent, et au crédit du capital qui en reçoit une augmentation. **Si**, au contraire, le père de famille dote ses enfants, fait une donation, le compte du capital est débité des valeurs données, par le crédit des comptes qui les fournissent.

*Clôture.* — C'est le dernier compte à clore; il est balancé par inventaire d'entrée, pour le montant du capital net reconnu à l'inventaire.

3° COMPTES D'INVENTAIRE D'ENTRÉE ET D'INVENTAIRE DE SORTIE.

Ces comptes fictifs créés uniquement pour balancer tous les comptes à l'inventaire de sortie et les rouvrir à l'inventaire d'entrée, s'appellent aussi balance d'entrée et balance de sortie. Les noms que nous leur donnons ont prévalu, et les distinguent des balances faites dans le but de vérifier l'exactitude des écritures.

Il suffit de mettre sous les yeux du lecteur la copie de l'article au Journal clôturant tous les comptes, pour lui faire comprendre le rôle que joue le compte d'inventaire de sortie; il est chargé à son débit, dans l'article *inventaire de sortie à divers*, du montant de toutes les valeurs qui composent l'actif, par le crédit de chacun des comptes débiteurs d'une partie de cet actif, et l'article reporté au Grand-livre balance tous ces comptes, c'est-à-dire rend leur débit égal au crédit; puis il est crédité par l'article *divers à inventaire de sortie*, du montant de la balance de tous les comptes créditeurs formant le passif et de celui du capital qui, réuni au passif, donne un total égal à l'actif.

Il a donc véritablement balancé tous les comptes de l'année qui finit.

Le compte balance d'entrée est le premier article du Journal et est destiné à l'ouverture de tous les comptes pour une nouvelle année culturale. C'est la contre-partie du compte inventaire de sortie ; son premier article *Divers à Inventaire d'entrée,* charge tous les comptes des valeurs formant l'actif qu'ils représentent, et le second article *Inventaire d'entrée à Divers,* porte au crédit des comptes créditeurs les valeurs passives qui composent le passif ; le compte Capital est également crédité du chiffre du capital, et le total de tous ces crédits est égal à celui de l'actif.

Nous avons passé en revue tous les comptes qui figureront dans l'exemple, que nous nous proposons de donner, d'une comptabilité tenue pendant une année culturale entière. L'étude et l'usage de notre *Mémorial,* joints aux enseignements que nous venons de donner sur la comptabilité des autres livres qu'elle emploie et sur la manière de tenir les divers comptes qu'il convient d'ouvrir, nous paraissent suffire aux cultivateurs qui voudront pratiquer la comptabilité, et aux élèves qui l'apprendront dans nos écoles.

<hr>

## CHAPITRE XII.

### Autres Comptes qui peuvent être ouverts, suivant les régions culturales et la nature de l'exploitation.

Notre exemple s'applique particulièrement aux cultures des plaines à céréales, la Beauce, la Brie, et en général aux cultures du Centre de la France. Mais dans le Midi les cultures arbustives ont une grande importance ; dans le Nord des industries sont annexées aux grandes exploitations, toutes circonstances qui peuvent nécessiter l'ouverture d'autres comptes. On peut aussi désirer des subdivisions dans les comptes de cultures et de bestiaux, que nous avons groupés pour la simplification des écritures.

Il ne sera donc point inutile de jeter un coup-d'œil sur ces divers comptes et d'en indiquer rapidement l'emploi. Si dans cette énumération nous en oublions quelques-uns, on doit comprendre qu'aussitôt qu'on est devenu bon comptable, rien n'est plus facile d'ouvrir et de tenir tous autres comptes de quelque nature qu'ils soient.

### 1° SUBDIVISIONS DES COMPTES DU BÉTAIL.

Suivant l'importance des spéculations faites sur le troupeau, dans une exploitation, on pourrait diviser ce compte en comptes de :

1° Béliers, lorsqu'on s'occupe spécialement de l'élève et de la vente de béliers ;

2° Brebis-mères et leur suite ;

3° Moutons ;

4° Bêtes ovines à l'engrais.

Dans le cas où l'on se déciderait à ouvrir plusieurs comptes pour le troupeau, on noterait séparément la nourriture de chaque groupe au *Mémorial*, et les autres dépenses du troupeau seraient subdivisées de manière à ce que chaque compte fût chargé d'une portion proportionnelle à son importance ; les recettes relatives au troupeau seraient également subdivisées.

Mais nous pensons que généralement on peut ne tenir qu'un seul compte pour le troupeau, puisqu'il sera toujours facile de le décomposer sur un cahier de renseignements, de manière à pouvoir se rendre compte du bénéfice donné par chacune des catégories d'animaux dont il se compose.

Nous en dirons autant des bêtes bovines qui peuvent, suivant le besoin, être subdivisées en : 1° Bœufs de trait ; 2° Vaches laitières et bêtes d'élève ; Bêtes bovines à l'engrais.

Si la porcherie avait une grande importance, elle pourrait être subdivisée en truies-mères et leur suite, et porcs à l'engrais.

Si l'on tient des abeilles, on peut ouvrir un compte à Rucher, qui tiendrait note de toutes les dépenses et recettes relatives aux abeilles.

### 2° SUBDIVISIONS DES COMPTES DE CULTURE.

Pour simplifier les écritures, nous avons dans notre exemple groupé les comptes en quatre soles ; on comprend qu'il serait facile d'ouvrir un compte isolé aux principales cultures, ainsi : froment, méteil, seigle, avoine d'hiver, avoine de mars, orge, betteraves, carottes, raves, colza, etc., prairies naturelles, prairies artificielles perennes, prairies annuelles, vesces d'hiver, etc. ; il en serait de même pour les plantes textiles et tinctoriales, pour le houblon, le safran, etc.

### 3° CULTURES ARBUSTIVES.

Dans le midi et dans la zône où se cultive la vigne, si l'exploitation comprend cette culture, on doit lui ouvrir un compte spécial, qui est chargé à son débit de tous les frais et à son crédit de toutes les recettes pour vente des produits, et finalement est balancé par pertes et profits.

Dans les pays à cidre, on tiendrait un compte spécial des dépenses et recettes occasionnées par la fabrication et la vente du cidre ; sa balance en bénéfice peut être considérée comme supplément de produit pour les soles sur lesquelles les pommiers sont plantés.

Si l'exploitation comprend des bois futaies ou taillis, un compte général *Bois* est ouvert pour constater les dépenses qui s'y rapportent et le produit de cette nature de propriété. A la dépense figurent les frais d'assainissement et de garde, les impositions, les frais de coupes et charrois ; à la recette le produit de la vente des coupes.

Dans certaines localités des comptes spéciaux peuvent être ouverts aux oliviers, aux oseraies, etc., etc.

## 4° INDUSTRIES ANNEXES.

Beaucoup d'exploitations possèdent aujourd'hui des industries annexées aux cultures, telles que : sucrerie, distillerie, féculerie, huilerie, briqueterie, carrières, etc; des comptes particuliers doivent être nécessairement ouverts à ces industries. La connaissance spéciale des procédés de ces arts divers est nécessaire pour l'établissement des différents comptes qu'ils pourront exiger.

## 5° GRANDS TRAVAUX D'AMÉLIORATIONS FONCIÈRES.

Pour de grands travaux d'améliorations foncières, tels que défrichements, drainages, irrigations, colmatages, plantations de bois, enfin création pour ainsi dire d'une propriété rurale, il peut être nécessaire d'ouvrir des comptes spéciaux, qui provisoirement tiendront compte des dépenses, jusqu'au moment où la propriété étant constituée, on lui donne une valeur proportionnelle aux résultats de cette entreprise.

Dans les cas ordinaires, le compte d'améliorations foncières dont nous avons parlé pourra suffire.

## 6° COMPTE D'IMMEUBLES.

Si l'exploitant possède, en dehors de la culture qu'il dirige, des immeubles, soit maisons de ville ou propriétés rurales, il doit ouvrir un compte collectif ou séparé à chacune de ces propriétés, afin d'y constater les recettes et les dépenses qui les concernent. Ce compte est soldé par pertes et profits, et son résultat vient influer sur le capital, sans être confondu avec ceux de l'exploitation rurale dirigée pour le compte du propriétaire ou fermier faisant valoir.

### 7° COMPTE DES VALEURS MOBILIÈRES, EN DEHORS DU CAPITAL D'EXPLOITATION.

Si l'exploitant possède des valeurs mobilières en dehors de son capital d'exploitation, soit capitaux placés sur hypothèque, rentes sur l'Etat, actions et obligations diverses, il faut ouvrir un compte spécial à ces valeurs; on y constate les revenus perçus, et à la fin de l'année il est balancé par pertes et profits, de manière à ce que ces profits ne se confondent pas avec les résultats de l'exploitation. Bien souvent, chez des cultivateurs riches en patrimoine, ces profits venant se confondre avec ceux de leur culture, font croire à des bénéfices qui quelquefois se changeraient en pertes, si l'on tenait un compte séparé indiquant l'origine de chaque nature de profit.

### 8° COMPTE DES DÉPENSES PERSONNELLES.

Le propriétaire faisant valoir une propriété qu'il habite et trouvant, soit dans les revenus de cette propriété, soit dans les autres valeurs qu'il possède, le moyen de tenir sa maison sur un état proportionnel à sa fortune, devra ouvrir un compte spécial aux dépenses personnelles. Ce compte, balancé par pertes et profits, sera ainsi distinct de celui de l'exploitation.

### 9° COMPTE DE BILLETS A RECEVOIR.

Nous avons admis pour notre exemple qu'il ne serait pas ouvert de compte de billets à recevoir, qu'ils seraient considérés comme argent à la caisse. Mais dans les exploitations avec industries annexes, le mouvement d'affaires devient commercial et donne lieu à un mouvement de billets à la recette comme à la dépense. Il convient dans ces circonstances, d'ouvrir un compte spécial aux billets à recevoir.

Ce compte est tenu comme celui de la Caisse ; il est débité de tous les billets reçus et crédité de tous ceux qu'on donne en paiement ; c'est un compte d'entrée et de sortie de cette nature de valeurs, et la différence entre le débit et le crédit doit toujours donner une somme égale au montant des billets qui restent en portefeuille.

### 10° COMPTE DES BILLETS A PAYER.

Dans notre exemple, nous n'ouvrons pas de compte aux billets à payer, parce que rarement on a l'occasion d'en créer en agriculture, puisque les affaires se font en grande partie au comptant. Si cependant l'exploitation avait une tournure commerciale et si des réglements se faisaient en traite ou billets, il faudrait ouvrir ce compte comme on le fait dans le commerce.

Si vous payez une personne avec votre propre billet à échéance, *vous débitez son compte* du billet remis, et ce compte est *soldé ;* puis *vous créditez* du montant de ce billet *le compte de billets à payer.*

Quand vous payez le billet, le compte de caisse est *crédité* de la somme qu'il fournit, et celui de *billets à payer est débité* de l'argent qu'il reçoit pour solder les billets dont il est créditeur.

La différence entre le débit et le crédit indique la somme qui reste à payer pour le montant des billets souscrits.

Il en est de même pour les traites faites par un créditeur en paiement de ce qui lui est dû.

Si je reçois l'avis d'un de mes créanciers ou créditeurs, qu'il fait sur moi *une traite* pour le montant de ce que je lui dois ; je débite *son compte* du montant de ladite traite que j'accepte, et je crédite le compte du billet à payer de la même somme. Le compte de mon correspondant est soldé et c'est le compte de billets à payer qui devient créancier. Quand je paye la traite, le compte de caisse est crédité de la somme payée et le compte des billets à payer en est débité.

# CHAPITRE XIII.

## Ordre des Travaux du Comptable, pour l'exemple présenté.

C'est en vue de l'exemple que nous présentons des écritures d'une année pour une exploitation à base de céréales, que nous traçons ici l'ordre dans lequel il convient de passer ces écritures ; notre but étant de les simplifier autant que possible.

*Ouverture des comptes.* — Le premier article du Journal est celui qui ouvre tous les comptes tant débiteurs que créditeurs, par inventaire d'entrée. Nous nous sommes étendu sur la rédaction de cet article avec tous les développements nécessaires, en parlant du Journal ; il suffira de s'y reporter.

*Écritures journalières.* — 1° Les écritures du Livre de Caisse doivent être passées au fur et à mesure que les recettes et les dépenses sont effectuées.

2° Si l'on tient des cahiers spéciaux pour la constatation journalière de la main-d'œuvre, du travail des attelages et de la nourriture du personnel, suivant les modèles de tableaux et les instructions qu'on trouvera sur nos cahiers quadrillés, il y aura lieu d'y consigner ces notes tous les jours. Si l'on se contente de notre méthode simplifiée de constatation de la main-d'œuvre, il faudra, lors du paiement des journées, noter au Livre de Caisse les travaux principaux auxquels ces journées ont été employées.

3° Des notes journalières sont portées sur les nombreux tableaux du *Mémorial*, ayant pour but de constater les travaux et le mouvement des matières de l'exploitation ; mais à l'aide des notes prises sur le *Carnet de poche*, la plupart de ces écritures peuvent être ajournées au dimanche, jour où l'on peut consacrer tranquillement quelques heures à mettre ses écritures au courant. Quant aux écritures à passer au *Mémorial*, nous renvoyons aux instructions placées en tête de ce livre.

*Écritures hebdomadaires.* — 1° Il est bien de faire sa caisse tous les dimanches, quoiqu'on n'en doive reporter les écritures au Journal que tous les quinze jours ; on se garantira ainsi des erreurs et des omissions qu'il serait plus difficile de retrouver si l'on attendait plus longtemps. En ce cas, l'on ne pose les additions qu'en marge comme provisoires, ne devant les porter dans la colonne que par quinzaine.

2° Vérifier les notes portées sur le *Carnet de poche* et reporter au *Mémorial* celles qui doivent y figurer. Nous recommandons de passer en revue chaque dimanche tous les tableaux du *Mémorial,* pour s'assurer que les opérations de la semaine y sont inscrites.

3° C'est également toutes les semaines au plus tard, qu'il faut inscrire aux tableaux à ce destinés, la consommation des bestiaux pendant la semaine, d'après les notes prises sur le carnet.

4° Noter au tableau des produits de la basse-cour, tout ce qui est emporté au marché chaque semaine, consommé dans la maison, ou fourni au propriétaire à titre de menues faisances ; à la fin de l'année, la valeur de ces menues faisances sera portée au débit de frais généraux, comme supplément de prix de fermage.

*Écritures de quinzaine.* — 1° Tous les quinze jours, après avoir vérifié et arrêté la caisse, on s'assurera d'abord si les noms des comptes correspondant aux recettes et aux dépenses sont bien exactement notés dans la colonne à ce destinée, puis on reportera les écritures de la Caisse au Journal.

2° Inscrire également au Journal toute vente et tout achat faits à terme ; les tableaux de mouvement des bestiaux et de sortie des magasins, rappelleront ces articles, puisqu'on a dû les y inscrire soit en entrée, soit en sortie.

3° C'est le cas de reporter au Grand-livre les articles inscrits au Journal pour la semaine; on peut, il est vrai, ne faire ce report que tous les mois, mais si l'on trouve le temps de faire ce travail, on aura la satisfaction de se dire que toutes les écritures sont à jour. On ne saurait trop avancer ses écritures; tout retard entraînerait à une perte de temps et laisserait plus de chances aux inexactitudes.

*Écritures mensuelles.* — A la fin de chaque mois, après avoir passé les écritures de la semaine et de la quinzaine dont nous venons de parler, tant au Journal qu'au Grand-livre, on portera son attention sur celles que nous conseillons de ne passer que tous les mois et qui sont les suivantes :

1° Passer l'article *Fournées à Grains en greniers*, pour les grains livrés au meûnier dans le mois;

2° Celui de *Ménage à Porcherie*, s'il a été tué un porc pour le ménage;

3° Si, comme nous le conseillons, on ne constate au Journal les produits des récoltes qu'à la fin de l'année, on n'en devra pas moins apporter une grande attention à les constater régulièrement au *Mémorial.*

Il faudra donc tous les mois au plus tard, porter à l'entrée des comptes de magasins, toutes les récoltes qui auraient été effectuées, le produit du battage des grains, les achats faits dans le mois soldés ou à crédit, de manière à compléter ces comptes et à en assurer l'exactitude tant à l'entrée qu'à la sortie. Comme vérification, on pointera les articles des tableaux de récoltes et de battage, ceux du Livre de Caisse, ainsi que ceux correspondant aux tableaux des magasins, à l'entrée et à la sortie. Ce travail aussi vite fait que décrit, mettra sous les yeux du cultivateur l'état de ses produits en magasin, et lui permettra de juger de ses approvisionnements et de ses ressources.

4° Faire au *Mémorial* les additions des tableaux de consommation des bestiaux pendant le mois, puis reporter le total aux tableaux récapitulatifs.

5° Passer au Journal les articles constatant les semailles qui auraient été faites dans le mois ; cependant ne passer ceux des blés et des mars qu'après l'achèvement de l'emblavure de ces soles. Dans une culture bien ordonnée, on sème depuis le printemps jusqu'à l'automne, des fourrages annuels, des récoltes dérobées, des racines, plantes oléagineuses et autres, dont il faut prendre note au *Mémorial* au moins tous les mois.

*Après la semence des Mars.* — Arrêter au *Mémorial* la récapitulation des semailles de la Sole de Mars par champ, y constater leur étendue, ainsi que la quantité de semence tant en céréales qu'en graines fourragères semées dans les mars.

*Après l'époque principale de fenaison.* — Porter en entrée au tableau du *Mémorial*, la récapitulation des diverses récoltes de fourrages rentrées, et continuer ensuite, au fur et à mesure qu'elles viendront, l'inscription des autres coupes et regains ultérieurement fanées et rentrées.

*Après la moisson.* — Établir au *Mémorial* la récapitulation des récoltes céréales, l'estimation de leur produit en grains et en paille, et faire la déclaration d'assurance contre l'incendie.

*Après toute autre récolte,* telles que graines oléagineuses et textiles, tubercules et racines fourragères, etc., constater l'importance de ces récoltes, dans les tableaux du *Mémorial* à ce destinés.

*Après le battage des diverses graines.* — C'est après le battage que l'on constatera au *Mémorial*, le produit exact des récoltes en graines oléagineuses ou fourragères, en le portant au tableau des récoltes diverses d'abord, puis ensuite en entrée aux tableaux des magasins.

*Après la semaille des blés.* — On arrêtera au *Mémorial* le tableau de récapitulation des semailles par champ, en notant la quantité de semence et les graines fourragères, s'il en a été semé dans les blés.

*En Novembre.* — Quand il n'y a plus possibilité de faner des fourrages, vérifier définitivement si toutes les coupes de fourrages et regains ont été inscrites au *Mémorial.*

*Fin Décembre.* — Quand les bestiaux ont cessé d'aller au pâturage, il faut constater par un article au *Journal* la valeur des pâturages qu'ils ont consommés dans l'année, sur les chaumes de céréales blé et mars, ou sur tout ou portion de telles coupes de fourrages, et enfin le pâturage sur les prairies naturelles. Le compte de chaque espèce de bétail en sera débité par le crédit des soles qui auront fourni ces pâturages.

*En Février.* — Comme préparation à l'inventaire, on doit vérifier si les tableaux des engrais sont à jour ; on a sans doute constaté sur celui des fumiers conduits aux champs, toutes les quantités qui y ont été transportées ; mais il faut dès à présent commencer le tableau de récapitulation par champ, par sole et par nature de culture, de manière à être prêt à le clore au moment de l'inventaire.

*Inventaire.* — Dans la huitaine qui précède l'époque fixée pour l'inventaire, on a dû faire ceux du mobilier et des bestiaux ; il faut aussi préparer celui de toutes les autres valeurs actives, de manière à ce que l'inventaire puisse être fait et clos dans le plus bref délai.

*Comptes personnels de débiteurs et créditeurs.* — Avant l'inventaire, on doit préparer la liquidation, soit en hâtant les rentrées, soit en payant le plus possible, surtout les comptes et mémoires d'ouvriers ; mais au moment de l'inventaire, on doit passer au *Journal* les dettes et créances qui ne seraient pas soldées, afin de faire figurer leur valeur à l'actif et au passif.

*Observation.* — Nous recommandons de nouveau d'inscrire en regard de chaque article du *Mémorial* reporté au Journal, le folio de ce livre ; la vue de ces folios au *Mémorial* indique qu'ils ont été reportés au Journal et y renvoie pour les vérifications qui deviendraient nécessaires.

---

## CHAPITRE XIV.

### Clôture des Comptes.

#### ÉCRITURES DE FIN D'ANNÉE.

Les écritures mensuelles du dernier mois étant passées au Journal et rapportées au Grand-livre, on s'occupera de porter au Journal les écritures de fin d'année, en commençant par la constatation des récoltes que, jusqu'à présent, nous ne trouvons inscrites que sur le *Mémorial.*

1° *Grains en gerbes à sole de blé* 1850 :

Produit de la récolte de la sole de blé en 1850.

Le compte de Grains en gerbes est *débité* du produit de la récolte des blés qui se compose 1° des grains déjà battus, en leur donnant le prix moyen de vente, 2° de la valeur évaluée des grains restant en gerbes, 3° de celles de toutes les pailles, par le *crédit* de la sole de blé qui a produit cette récolte.

2° *Divers à Grains en gerbes* 1850 :

Le compte Grains en gerbes est *crédité* de la valeur des blés battus, par le *débit* du compte Grains en greniers qui les a reçus, et par *celui* de Magasin de pailles pour la valeur des pailles. Il ne reste donc plus au débit du compte de Grains en gerbes 1850 que la valeur des grains restant à battre, dont il sera *crédité* par balance de sortie.

3° *Grains en gerbes à sole de Mars 1850 :*

Comme dans l'article qui précède, le compte de Grains en gerbes se trouvera chargé de la récolte en grains et pailles de la sole de Mars, par le crédit de cette même sole qui l'a produite.

4° *Divers à Grains en gerbes 1850 :*

Cet article décharge le compte de Grains en gerbes de la récolte des Mars, par le débit des comptes Grains en greniers et Magasin de pailles ; il ne reste plus alors à son débit que la valeur des récoltes de Mars en gerbes non battues, dont il sera crédité par balance de sortie.

5° *Magasin de fourrages à sole fourragère 1850 :*

Produits de la récolte des fourrages en 1850.

6° *Magasin de Racines à sole jachère 1850 :*

Produits de la récolte-racine en 1850.

On constate aussi à la suite par d'autres articles, ou par un seul de *divers à. . . . . ,* toutes autres récoltes faites dans la jachère, telles que graines oléagineuses, textiles ou autres.

Avant de passer au réglement des comptes qui se soldent par *un bénéfice ou une perte*, il faudra régler tous les comptes de frais afin d'y faire figurer préalablement tous les frais qui sont à leur charge ; nous commencerons par le compte du Ménage dont le résultat fixera le prix de la journée de nourriture.

7° *Réglement du compte de Ménage.*

Page 84, nous avons dit de quels articles se compose le compte de ménage. Nous allons donner, pour les rappeler, le titre des articles à passer à la fin de l'année. Voici d'abord ceux à porter au débit.

*Ménage à divers*; produits de la basse-cour consommés par le ménage, en beurre, œufs, fromages, volailles et lait.

*Ménage à Porcherie;* porcs tués pour le ménage, à moins que ces articles ne soient déjà portés mensuellement au Journal.

*Ménage à Troupeau;* viande de mouton consommée par le ménage.

*Ménage à Magasin de Racines;* pommes de terre ou tous autres légumes de grande culture consommés par le ménage.

*Divers à fournées :*

*Ménage,* pour la farine consommée dans l'année.

*Magasin de sons,* pour les sons produits par la mouture.

Cet article solde le compte de fournées, qui sera plus tard balancé par inventaire de sortie, pour la farine restant à l'inventaire.

*Ménage à divers ;* gages restant dus aux servantes jusqu'au jour de l'inventaire.

*Ménage à Engrais;* fumiers fournis au jardin dont les produits ont été consommés par le ménage.

Les articles à porter au crédit de Ménage sont les suivants :

*Vacherie à Ménage ;* valeur du sel employé à la fabrication des fromages, les achats de sel ayant été portés à ce compte.

*Divers à Ménage ;* on débite ainsi les comptes Porcherie et Volailles, du prix du combustible employé à cuire leurs aliments.

*Divers à Ménage;* répartition au débit des comptes de Vacherie, Porcherie et Volailles, de la partie des gages payés par le Ménage aux servantes, proportionnellement au temps que ces domestiques ont employé aux soins de ces divers bestiaux.

*Pertes et Profits à Ménage;* dépenses personnelles du fermier et de sa famille, telles qu'habillements, meubles et linge, éducation des enfants, dépenses de luxe et autres qui ne doivent pas être mises *directement* à la charge de l'exploitation.

Ces articles étant passés au Journal et reportés au Grand-livre, il faudra faire l'état des principaux objets de consommation restant au moment de l'inventaire, tels que bois à brûler, vin, épiceries, etc., qui feront partie de l'actif et viendront comme premier article au débit du compte de Ménage de l'année suivante.

Le compte de Ménage étant ainsi chargé de tout ce qui le concerne et déchargé de tous les frais qu'il avait avancés pour d'autres comptes, sa balance donne la somme dépensée dans l'année ; il faut alors retrancher la valeur des provisions restantes, pour avoir le chiffre des dépenses réellement effectuées pour le Ménage.

Il s'agit maintenant de répartir cette dépense sur les divers comptes qui ont profité du travail du personnel nourri. On fera, dans un tableau (voir page 99 du *Mémorial*), le relevé par compte de toutes les journées employées pour chacun d'eux, et l'on aura d'abord le total des journées de nourriture fournie aux journaliers, calvaniers, moissonneurs, batteurs et autres ; on y ajoutera le nombre de journées de nourriture des domestiques à l'année, ainsi que celles du fermier pour lui et sa famille ; le total indiquera le nombre total des journées de nourriture fournie par le Ménage dans l'année.

Divisant le chiffre de la dépense par la quantité de journées de nourriture, on obtient le prix d'une journée de nourriture et la répartition s'en fait par un article ainsi conçu :

*Divers à Ménage*, répartition des frais de nourriture et entretien du personnel, s'élevant à 3,146 fr. 55 c. pour 4,208 journées de nourriture, ressortant à 0 fr. 74 c. 77 la journée de nourriture.

Suit le débit donné à tous les comptes en raison du nombre de journées utilisées par chacun d'eux.

La nourriture du fermier et de sa famille est portée au débit de frais généraux, ne pouvant être appliquée spécialement à tel ou tel travail ; de là elle sera mise à la charge de l'exploitation à raison de tant l'hectare, confondue avec les autres frais généraux.

Cet article étant passé au Grand-livre et s'élevant à 3,146 f. 55 c.

chiffre de la dépense, le compte de ménage sera soldé de toutes ses dépenses et finalement balancé par inventaire de sortie, pour la valeur des provisions restant à l'inventaire.

8° *Réglement du compte de Main-d'œuvre.*

Page 18 et tableau page 82 du *Mémorial,* nous avons donné un modèle de répartition des frais de main-d'œuvre sur tous les comptes qui l'ont utilisée ; nous y renvoyons et nous rappelons seulement le titre de l'article à passer au Journal pour le réglement de ce compte :

*Divers à Main-d'œuvre,* répartition des frais de main-d'œuvre.

9° *Réglement du compte de Mobilier agricole.*

En décrivant ce compte page 59, nous avons donné toutes les instructions pour son réglement ; il est passé au Journal comme il suit :

*Divers à Mobilier agricole.*

Répartition des frais d'entretien et d'amortissement du mobilier agricole, entre les comptes divers qui l'ont utilisé.

10° *Réglement du compte des Engrais.*

Il s'agit d'abord de constater la quantité de fumier produite dans l'année ; page 11 du *Mémorial* nous avons longuement expliqué notre méthode abrégée de répartition des engrais entre les divers bestiaux producteurs ; il suffit donc d'y renvoyer. Cet article est ainsi passé au Journal : *Engrais à Divers.*

11° *Divers à Engrais,* fumiers conduits aux champs ; chaque sole est débitée de la quantité et de la valeur du fumier qui lui a été fourni.

12° *Divers à Engrais ;* article destiné à mettre à la charge des soles qui les ont reçus, la valeur des engrais autres que les fumiers, tels que : engrais achetés, compost, purin, fumier de volailles et parcage.

Ces trois articles étant passés, le compte d'engrais doit balancer par la valeur des fumiers et engrais divers restant à l'inventaire.

13° *Réglement du compte Frais généraux ;* les articles suivants doivent être portés au Journal.

*Frais généraux à Améliorations foncières,* pour le chiffre d'amortissement annuel fixé.

14° *Divers à Frais généraux,* répartition du prix de fermage sur les diverses soles.

Les paiements pour fermage ont été portés au compte de frais généraux; ils se composent du fermage de l'année payé au propriétaire, des impositions si elles sont à la charge du fermier, enfin de la valeur des prestations communales et des menues faisances dues en vertu du bail.

Ces dépenses réunies constituent le prix du fermage; le total en est divisé par le nombre d'hectares en culture, pour obtenir le prix du fermage à tant l'hectare. Il est bien entendu que si la propriété se composait de terres en culture, landes, pacages, prairies naturelles, d'un prix de fermage différent, on pourrait subdiviser le prix à l'hectare entre ces diverses natures de propriété, proportionnellement à leur valeur locative.

Le compte des frais généraux ainsi déchargé du prix du fermage, ne comprend plus que les frais généraux proprement dits que nous proposons, comme pour le fermage, de répartir sur les diverses soles à raison de tant l'hectare, par un article *Divers à Frais généraux,* qui balancera et soldera ce compte.

15° Avant d'arrêter les comptes des soles en culture, il convient de les décharger de la valeur des dépenses faites en vue des récoltes ultérieures telles que : frais de culture, de fermage et frais généraux, ainsi que de la valeur des fumiers restant en terre non absorbés par ces récoltes. Ces reports donneront lieu aux articles suivants :

*Sole de Mars* 1851 *à Sole de Blé* 1850, pour les deux cinquièmes de la valeur du fumier donné à la sole de blé (les trois autres cinquièmes étant supposés absorbés par la récolte de blé).

*Sole de Blé* 1851 *à Sole Jachère* 1850 : 1° Frais de labour sur la jachère cultivée à francs guérets, en vue de la récolte de blé prochaine, mais partie seulement de ces frais sur les terres qui ont porté d'autres récoltes dans la jachère ; 2° fermage de la jachère dans les mêmes proportions ; 3° frais généraux sur la jachère, également calculés ; 4° valeur des fumiers portés sur la jachère morte, pour les blés qui la suivront, et moitié du prix des fumiers donnés aux racines et autres plantes épuisantes cultivées sur la jachère avant le blé.

16° *Réglement des comptes avances aux Soles de l'année suivante.*

Ces comptes ont été chargés courant de l'année, des frais de semence, main-d'œuvre et autres qui leur incombaient : les articles que nous venons d'indiquer les ont chargés des frais de labour, fermage, frais généraux et de fumure. En cet état ils comprennent bien toutes les avances faites aux soles en préparation pour l'année suivante, et ils seront balancés par inventaire de sortie, pour paraître à l'actif sous le nom des soles de l'année.

17° Les comptes présentant des bénéfices sont alors balancés par un article de *Divers à Pertes et profits*, et ceux donnant une perte par celui de *Pertes et profits à Divers*.

Le compte de *Pertes et profits* lui-même est balancé par le compte de *Capital d'exploitation* ; le capital est augmenté s'il y a bénéfice, il est, au contraire, diminué s'il y a perte.

18° *Clôture générale et balance de tous les comptes.*

Par l'article d'*Inventaire de Sortie à Divers* tous les comptes débiteurs sont balancés et présentent l'actif ; par celui *Divers à Inventaire de Sortie* tous les comptes créditeurs sont également balancés et présentent le passif, plus le capital d'exploitation. L'article d'ouverture du Journal, autrement dit *Inventaire d'entrée,* que nous avons donné plus haut avec tous ces détails, nous dispensera d'en donner sur celui d'*Inventaire de sortie,* qui est le même, mais dans un ordre inverse.

## CHAPITRE XV.

### Observations finales.

Nous aurions désiré mettre sous les yeux des personnes qui étudieront la comptabilité dans notre *Manuel,* le spécimen de tous les registres qui la composent, remplis des écritures d'une année entière; mais l'impression de nos quatre registres ainsi remplis est une œuvre fort dispendieuse, que ni l'auteur ni le Comice d'Orléans ne peuvent entreprendre; il n'appartient qu'à l'union entre un certain nombre de Comices et de Sociétés agricoles, de mettre à exécution un travail de cette nature, qui aurait l'avantage de rendre possible aux élèves de nos établissements d'instruction publique, les exercices de comptabilité pratiques, complément indispensable des études théoriques.

Nous possédons des copies manuscrites de ce travail; elles sont utilisées dès cette année, pour le cours ouvert par le Comice à l'Ecole municipale supérieure d'Orléans. Pour les professeurs des établissements d'instruction publique qui voudraient s'en servir afin de faciliter leur enseignement, nous nous trouverions tout disposé à leur en faire faire d'autres copies manuscrites.

Nos travaux sur la comptabilité n'ont d'autre but que celui d'être utile aux cultivateurs et au pays, en concourant, à ce point de vue, au progrès de l'agriculture. Nous faisons appel aux lumières de nos lecteurs, mus par les mêmes sentiments que nous, en les priant de nous transmettre leurs observations et leurs bienveillants conseils sur les améliorations que comporte notre travail. Nous les mettrons à profit, pour une seconde édition que nous nous proposons de donner, si notre œuvre est favorablement accueillie par le public agricole et par les personnes chargées de l'instruction publique.

FIN.

# TABLE DES MATIÈRES.

FIN DE LA TABLE.

# DÉBIT.     VACHERIE.     CRÉDIT.

# DÉBIT. — ATTELAGES. — CRÉDIT.

**DÉBIT.**

1850
|  | | |  | | |
|---|---|---|---|---|---|
| Avril | 28 | À Inventaire d'entrée. | Valeur de 6 chevaux, suivant détail à l'inventaire | 3.625 | » |
| Mai | 14 | À Caisse. | [illegible] brosses et étrilles | 3 | 25 |
| » | 31 | À Caisse. | À Denis, charretier, à valoir 40 fr.; à Julien, charretier, à valoir 20 fr. | 58 | » |
| Juin | 30 | À Caisse. | À Julien 50 fr.; à Denis 95 fr., solde de leurs gages à la Saint-Jean; achat d'un cheval 650 fr. | 200 | » |
| Juillet | 2 | À Divers. | Nourriture des chevaux du 28 avril au 2 juillet | 640 | 95 |
| Août | 31 | À Caisse. | À Denis, charretier, à valoir | 40 | » |
| » | 31 | À Divers. | Nourriture des chevaux du 3 juillet au 25 août | 606 | 70 |
| Septembre | 30 | À Caisse. | À Julien, charretier, à valoir | 50 | » |
| Octobre | 31 | À Divers. | Nourriture des chevaux du 25 août au 22 octobre | 586 | 40 |
| Novembre | 15 | À Caisse. | À Julien, charretier, le 1ᵉʳ novembre, solde de son gage; à Toussaint 250 fr. et à Denis 100 fr. | 250 | » |
| Décembre | 2 | À Divers. | Nourriture des chevaux du 22 octobre au 2 janvier | 566 | 75 |
| » | 31 | À Caisse. | À Denis, charretier, à valoir | 30 | » |
| Février | 28 | À Caisse. | À Julien | 612 | 95 |
| » | 28 | À Divers. | Nourriture des chevaux du 3 janvier au 25 février | 44 | » |
| Mars | 31 | À Caisse. | Au cordier, son mémoire | 95 | » |
| Avril | 22 | À Caisse. | Vétérinaire, partie de son mémoire pour les chevaux | 550 | » |
| » | 22 | À Caisse. | Mémoire du maréchal 900 fr., du charron 155 fr., du bourrelier 90 fr. | 985 | 50 |
| » | 22 | À Divers. | Nourriture des chevaux du 1ᵉʳ mars au 22 avril | 200 | » |
| » | 22 | À Divers. | Gages des aux cavaliers payés au 22 avril, Julien 140 fr., Denis 90 fr. | 407 | » |
| » | 30 | À Herse. | Nourriture des charretiers | 417 | » |
| » | 30 | À Mobilier agricole. | Frais et amortissement sur le mobilier d'inventaire des attelages | | |
| | | | | 8.985 | 50 |

**CRÉDIT.**

1850
|  | | |  | | |
|---|---|---|---|---|---|
| Juin | 30 | Pⁱ Caisse. | Vente d'un cheval rouge | 400 | » |
| 1851 Avril | 22 | Pʳ Frais généraux. | Prestations, 50 mètres cailloux conduits sur les chemins, à 4 fr. 50 | 45 | » |
| » | 23 | Pʳ L'avenir. | Fumier produit par les chevaux 36.000 kil., à 7 fr. les 1.000 kil. | 402 | » |
| » | 23 | Pⁱ Divers. | Travaux des attelages, à prix fait d'après l'expérience locale | 1.406 | 50 |
| » | 23 | Pⁱ Divers. | 135 labours, 24 c. sur un hectare, répartis sur diverses natures, à 23 fr. 85 c. l'un | 3.227 | » |
| | | | | 6.619 | 50 |
| » | 23 | Pʳ Inventaire de sortie. Déplacer à nouveau, de la valeur de 6 chevaux restant à l'inventaire | | 8.985 | » |
| | | | | 8.985 | 50 |

# ROUGEMONT, BANQUIER, A ORLÉANS.

**DÉBIT.**

|  | | |  | | |
|---|---|---|---|---|---|
| 1850 Avril | 24 | À Emprunt d'entrée. | Dû lors au 29 avril | 2.461 | 95 |
| Juin | 49 | À Caisse. | Ma remise espèces | 2.003 | » |
| Juillet | 31 | À Gérat. | do | 2.002 | » |
| 1851 Janv. | 22 | À Caisse. | Versé en compte | 2.000 | » |
| Avril | 22 | À Frais et Produits. | Intérêts sur ma faveur d'un sur compte au 22 avril | 253 | 63 |
| | | | | 8.715 | 43 |

**CRÉDIT.**

|  | | |  | | |
|---|---|---|---|---|---|
| 1850 Sept. | 30 | Pʲ Compt. | Emploie à valoir le 18 septembre | 700 | » |
| 1851 Avril | 30 | Pⁱ Compt. | do le 22 avril | 2.000 | » |
| | | | | 5.700 | » |
| Avril | 22 | Pⁱ Inventaire de sortie. Débiteur à nouveau | | 5.015 | 43 |
| | | | | 8.715 | 43 |

# MOBILIER AGRICOLE.

**DÉBIT.**

|  | | |  | | |
|---|---|---|---|---|---|
| 1850 Avril | 23 | À Inventaire d'entrée. | Mobilier agricole, si peut s'élever, ou détaillé à l'inventaire et ainsi subdivisé : | | |
| | | | 1ᵉʳ Mobilier se rapp. au service du Ménage | 1.040 45 | |
| | | | 2ᵉ do au service d'Attelages | 2.172 50 | |
| | | | 3ᵉ do au service de la Tourraie | 610 » | |
| | | | 4ᵉ do au service de la Vacherie | 252 » | 3.072 45 |
| | | | | 3.072 | 45 |

**CRÉDIT.**

|  | | |  | | |
|---|---|---|---|---|---|
| 1851 Avril | 22 | Pⁱ Divers. | Amortissement sur le Mobilier 10 0/0 sauf augmentation jusqu'à ce qu'on ait ramené le mobilier à 50 0/0 de sa valeur primitive : | | |
| | | | Sur le mobilier se rapportant au Ménage | 104 55 | il restera pour 985 » |
| | | | do aux Attelages | 217 39 | 2.456 » |
| | | | do aux Bergeries | 62 » | 537 » |
| | | | do à la Vacherie | 26 » | 231 » |
| | | | | 509 65 | 4.566 » |
| | | | | | 509 65 |
| » | 22 | Pⁱ Inventaire de sortie. Débiteur à nouveau, valeur du mobilier à l'inventaire | | 4.566 | » |
| | | | | 5.072 | 45 |

**DÉBIT**

Avril 30 — À Inventaire d'entrée. Avances faites à cette sole en 1849 jusqu'au 30 avril, sur 20 hectares 27 ares :

1° Labours sur 20 hectares, après racines et fourrages annuels, et sur 20 hectares jachère .......... 4,900 f. »

2° Semences, 30 hectolitres froment à 90 fr., et 3 hectolitres seigle à 15 fr. .......... 828 »

3° Fumier épandu sur 10 hectares jachère à 50,000 kil. par l'an .......... 430,000 kil.   à 3 fr. les 1,000 kil.
   L'engrais restant en terre sur 10 hectares racines et fourrages, après
   déduction de la quantité absorbée par ceux-ci .......... 157,000 kil. | 167,000 kil. .... 3,758 »

4° Pâturage sur 10 hectares 27 ares jachère à 40 fr., et sur 10 hectares racines, etc., à 50 fr. .......... 610 »

5° Frais généraux sur 10 hectares jachère à 80 fr., et sur 10 hectares racines, etc., à 30 fr. .......... 500 »   2   6,473 »

— À Caisse. Payé à la Compagnie d'assurances générales, prime contre la grêle .......... 30   90 »

— À Caisse. Faucillage de 90 journées blé, à 10 fr. chacun .......... 45   200 »

— À Caisse. Aux ouvriers, dont deux du prix de leur travail à la charge du blé .......... 15   150 »

— À Caisse. Assurance contre l'incendie .......... 55   35 40

— À Charge et Fourrage. Report du ce compte pour frais de halage etc. déboursés pour la fourrage été faites récoltes .......... 44   32 90

— À Main-d'œuvre. Frais de battage blé, à blé 325 fr. blé c., de criblage 488 fr. 25 c. .......... 45   363 50

— À Ménage. Nourriture des ouvriers et domestiques .......... 46   325 »

— À Ménage. Nourriture des batteurs et journées de criblage .......... 46   208 60

— À Attelages. Rentrée de la récolte .......... 48   308 60

— À Attelages. Conduite des grains au marché .......... 49   150 »

— À Frais généraux. Pâturage sur 28 hectares 27 ares à 40 fr. l'hectare .......... 81   840 50

— À Frais généraux. Frais généraux sur 28 hectares 27 ares à 20 fr. l'hectare .......... 51   445 30

.......... 9,058 50

23 — À Profits et Pertes. Bénéfice sur la sole blé 1850 .......... 89   5,265 40

.......... 16,327 20

**CRÉDIT**

1850
Décembre 31 — P/ Tourneau. Pâturage sur 20 hectares chaumes de blé, à 10 fr. .......... 38   900 »

1851 Avril 30 — P/ Divers. Récolte de blé 1850, froment battu et vendu   480 h. 33 au prix moyen de .......... 17 42   h. 31/6 66
   d° battu au grenier   22 »   d°   20 »   .......... 440 »
   Une serrée de 3 froment, restant à battre,   55 90   évalué à .......... 18 »   battage déduit 1,676 80
   Méteil battu et vendu   84 »   au prix moyen de   12 21   .......... 1,046 82
   d° battu en grenier   1 50   d°   12 »   .......... 15 »
   Déchets de grains donnés aux volailles .......... 34 »   42   7,448 87

— 32 — P/ Magasin de Pailles. Pailles de cette récolte 80,000 kil., à 1 fr. 30 c. .......... 42   1,790 »

— 28 — P/ Semences 1851. 2/5 de l'engrais fourni au blé, reporté à la charge de l'avoine 1851 qui suivra, soit 157,000 kil. prisée à 6 fr. les 1,000 kil. .......... 50   1,890 »
   (Il reste, en conséquence, à la charge de la sole de blé 1850, 280,000 kil. de fumier.)

— 28 — P/ Grains en greniers. Espérance de recette balancée par sole de blé .......... 52   6 83

.......... 16,327 93

# COURS COMPLET DE COMPTABILITÉ AGRICOLE

## EN PARTIE SIMPLE ET EN PARTIE DOUBLE,

*À l'usage des Établissements d'instruction publique, des Écoles Normales et d'instruction primaire, et des Agriculteurs qui veulent apprendre seuls la tenue des livres,*

### PAR SAINTOIN-LEROY,

Administrateur-Trésorier du Comice agricole d'Orléans, Membre de la Chambre consultative d'agriculture.

---

## MANUEL DE COMPTABILITÉ AGRICOLE PRATIQUE,

*Exposition des Méthodes de la Tenue des Livres en partie simple et en partie double, pour les exploitations rurales,*

1 volume grand in-8° et tableaux. — 3 fr.

---

### LIVRES-REGISTRES

#### POUR LA COMPTABILITÉ SIMPLIFIÉE

ou partie simple,

*À la portée de tous cultivateurs sachant lire, écrire et compter ;*

Elle nécessite seulement les deux Registres suivants :

1° MÉMORIAL DE L'AGRICULTEUR, renfermant les tableaux nécessaires à la constatation de tous les faits d'une exploitation agricole, avec les instructions pour leur usage,

Registre in-4° oblong, br. 4 fr.

2° LIVRE DE CAISSE ET DE COMPTES, destiné à l'inscription des recettes et des dépenses : à la suite, se trouvent des tableaux pour les comptes courants de Débiteurs et Créditeurs, et tous autres comptes de l'exploitation,

Registre in-4° oblong, br. 2 fr. 50

### LIVRES-REGISTRES

#### POUR LA COMPTABILITÉ COMPLÈTE

ou partie double,

1° MÉMORIAL DE L'AGRICULTEUR (réunion de tous les livres auxiliaires ou comptabilité-matières),

Registre in-4° oblong, br. 4 fr.

2° LIVRE DE CAISSE (ou comptabilité-espèces),

Registre in-4° oblong, br. 2 fr. 50

3° JOURNAL, registre en blanc,

Réglé et folioté, in-4° obl. 2 fr. 50

4° GRAND-LIVRE, registre en blanc,

Réglé et folioté, in-4° obl. 3 fr.

On peut joindre à ces 4 registres des Cahiers quadrillés pour la constatation journalière des travaux de main-d'œuvre, des attelages, ainsi que de la nourriture du personnel ;

1° Cahier avec instructions et modèles des tableaux, petit in-4° oblong . . . . . 2 fr.

2° Cahier simplement quadrillé, petit in-4° oblong . . . . . . . . . . . . . . . . 1 fr. 25

*Chaque volume ou registre peut se vendre séparément.*

Orléans. Imprimerie de CHENU, rue Croix-de-Malte, 31.